一个电商运营总监的自白

金牛城 著

電子工業出版社
Publishing House of Electronics Industry
北京•BEIJING

内 容 简 介

本书采用自白的叙述方式，介绍了在电商运营总监层面，在日常电商工作中对各类问题的思考和解决办法的探讨。本书前四章主要讲电商“虚”事，包括文化或者叫基因层面、战略或者叫认知层面、团队层面和管理层面。中间六章主要讲电商“实”事，也就是具体运用的六个维度，分别是产品、设计、营销、渠道、服务和数据系统。通常这些内容我们也称为电商内功或者核心竞争力。最后一章讲节奏感，抛出一个命题——究竟电商是科学还是艺术，从艺术层面介绍电商的随机性和艺术性。

本书的特点是通过虚实结合，从运营总监级的高度介绍电商，让读者从宏观面了解电商的底层逻辑和各个思考维度。

图书在版编目（CIP）数据

一个电商运营总监的自白 / 金牛城著. —北京：电子工业出版社，2017.3
ISBN 978-7-121-31001-0

Ⅰ. ①一… Ⅱ. ①金… Ⅲ. ①电子商务－运营－教材 Ⅳ. ①F713.365.1

中国版本图书馆 CIP 数据核字(2017)第 038074 号

策划编辑：张彦红
责任编辑：葛　娜
印　　刷：北京虎彩文化传播有限公司
装　　订：北京虎彩文化传播有限公司
出版发行：电子工业出版社
　　　　　北京市海淀区万寿路 173 信箱　　邮编：100036
开　　本：720×1000　1/16　印张：17.25　字数：247 千字
版　　次：2017 年 3 月第 1 版
印　　次：2024 年 3 月第14次印刷
定　　价：59.00 元

凡所购买电子工业出版社图书有缺损问题，请向购买书店调换。若书店售缺，请与本社发行部联系，联系及邮购电话：（010）88254888，88258888。

质量投诉请发邮件至 zlts@phei.com.cn，盗版侵权举报请发邮件至 dbqq@phei.com.cn。

本书咨询联系方式：010-51260888-819，faq@phei.com.cn。

自序

不要把网上开店看成经营一家公司，更不要把经营一家公司看成开网店

我第一次接触网上购物已经是十几年前的事了，那次购物的平台是当当网，第一次买的东西是图书，时间过得真快，一晃电商都伴随我的生活这么多年了，我都已经当爸爸了。当初之所以选择当当网，是因为它是当时最大的图书电商平台，而且还支持货到付款，很难想象，之后会有这么多平台出现，有的像烟花，有的像流星，有的什么都不是。

可能是这种经历，让我更明白什么是拥抱变化，自从加入了淘宝，对这种拥抱变化的价值观有了更深的体会。那一年，我换了 5 个老板，我想这样的拥抱变化，没有几家公司可以做到。正是因为在阿里的这段经历，让我以后的职业生涯都在电商圈里面打转转，也一直想把这些年的从业感悟写下来，于是就有了《一个电商运营总监的自白》这本书。

本书能够成书和出版，首先要感谢我的前淘宝同事仁父（张建波）。可以这么说，没有他一次次的鼓动和调侃，本书一定只会零散地存在于我

的电脑硬盘之中，不可能会出现在这里。更要感谢的是张彦红编辑的宽容和鼓励，从确认开始到成稿，原计划 3 个月时间完成，却足足难产了一年多，要不是他的坚持，我也就想偷懒放弃算了。毕竟，比起绞尽脑汁地总结这些年从业的点点滴滴，还不如放弃不写来得容易。

尤其是对于我这种不是做文字工作的人来说，写书简直就是要了我的老命了。这件事情也让我明白了，有些事情如果终究要去做的话，那还不如马上去做，不要期望等什么时候空下来啊、什么时候稳定下来啊，等等，这些都只不过是一种借口而已。对于我来说，勇敢去做，就已经成功了。

虽然我平时看的书也比较多，但是电商类的书我几乎没有看过，比如如何做运营啊、如何做客服啊，等等。所以我不想把本书定位成电商教科书。关于如何开网店、如何做推广、如何做钻展，这些内容有非常多的书可以帮上忙，这不是本书的内容。

所以本书教不了你如何增加搜索 UV、教不了你如何刷单不被抓、教不了你如何提高直通车 ROI，也教不了你如何报名淘宝活动，凡是电商书教你的技巧，这里都是没有的。同时，我要提醒的是，看完这本书其实和看完其他任何一本书都一样，你不会在放下的一刻突然感觉打通了任督二脉，内力大增，这种故事情节如果你也相信的话，那还是直接走 7 天无理由退款好了，然后洗洗睡吧。

那这本书，总是要有点用的吧，确实，也只有一点点用。

本书只是想给大家两个帮助：

一是对于想做电商的老板们，可以打开思路，防各种忽悠；

二是对于想做电商或电商从业者，可以提升思维，在电商职场中走得更宽敞。

简单来说，电商老板看了防忽悠，员工看了可以升职加薪。给老板省学费，给员工赚未来。什么？你做电商不是因为钱，是因为你要建设新商业文明!!! 好吧，那我佩服你，希望你去阿里巴巴工作吧！我想对于做电商的人来说，只有极少数人不是为了赚钱吧。这就是我们的共同点，我希望越来越多的人能够站着把钱挣了。

我先定义一下本书里面的一些内容，免得和市面上的概念搞混了。本书中所有关于“电商”的内容都是指以淘宝为代表的开店类电商，除非有特殊说明；而我说的运营总监，也就是这类电商企业里面的运营总监，具体的工作细节和职责不同的公司可能会有些差别，但大部分内容是一致的，这个岗位最重要的角色就是承接老板和员工之间的重要桥梁，这也是为什么本书叫《一个电商运营总监的自白》的原因。

也许本书里面的内容大部分都是错的，但这些都是我自己思考过的体会，有些是犯过的错、痛过之后的领悟，有些还是自己的伤口，希望撕开来给大家看，如果能够引起你的一点注意，也就功德无量了。

看完之后，如果你觉得有价值，那也欢迎大家加我微信，我可以给大家进行讲解，名额有限，只有 600 人。我觉得，我能够服务的也就这么多人吧？微信可以细聊。

正如，斯坦尼斯拉夫斯基说，“没有小角色，只有小演员”。我们做电商的也同样如同戏剧表演，在电商这个舞台上，没有小商家，只有小思维。

我从大学毕业至今，进入电商行业摸爬滚打 8 年时间，很幸运，进入过阿里集团，经历过淘品牌，创过业，从传统电商转型移动电商，网红社群电商，经历得越多，越觉得本质上的东西可能都相同，万法归宗。与其不断地追求热点、追求潮流，还不如回归到最基本的商业源问题上面来。

就好像，大多数网络品牌为何做不起来，勉强做起来的也没办法形成品牌、形成战斗力。无外乎三点：人、货、钱，能不能调配好，比同类竞争对手效率更高。

电子商务的竞争，也越来越体现本质竞争，体现核心竞争力，至少很多投机取巧的机会已经没有了。这些机会就像是游戏中的 Bug，聪明人就利用 Bug，升级打怪很快，但 Bug 终究会被补上的，比如刷单，这个电商 Bug 基本上被补了 95%，于是很多人开始蒙了。进入了恶性循环，不刷等死，刷了找死，越刷越没流量。

从长远来看，我觉得以后的电商，如果你的销量比我大、利润比我高、做得比我好，那么一定是你的产品比我好、管理比我好、设计比我好、供应链比我好，才做得比我好，而不是你懂某个技巧、知道某个 Bug、上了什么活动，或者认识某个小二。

我认为电商最本质的就是“四大虚、六大实”。虚事四件，分别是文化、战略、人和管理；而实事六件，分别是产品、设计、服务、营销、渠道、系统和数据。这十个部分，我认为都是一个电商成功的关键，里面的认知也仅仅是个人看法，希望大家一起交流。

平台在变、规则在变、用户在变、市场在变、时代也在变，所有的都在变，唯有行业本质、商业本质、零售本质、营销本质、人的本质，不会改变，所有的这些沉淀和积累都是我们在这个行业里面的经验和认知，电商应该是一种生物，就要先活着，然后慢慢成长，抓住别人没有的机会，发挥优势，才能看见后天的日出。

虚实之间，十件事，如果你问我什么最重要，我一定会说，是人，只有回归到人，才能抓住这个时代的脉搏。

为什么唐僧西天取经之路，只有 2~3 年的路程，却走了 14 年之长？当然，中间各种困难、耽搁是一方面，而最重要的是唐僧本人。因为那个时候的他还是个凡人，不是神，是人就会有退缩，就会有信念不坚定的时候，就难免会害怕恐慌，内心动摇和犹豫。

所有的成功，从来都不是随随便便来的。

团队是一种人与人之间的融合，也是人性缺点的互补，是一种协调和机制，是在一条路上进行策划的安排，是最好的协作和努力。所以唐僧需要与四个徒弟一路西行，一个人出发，一定走不到终点。

有一本书叫《未来在等待的人才》，我非常喜欢，也作为推荐书，强烈建议大家看看，目前好像只有繁体版。这本书主要讲我们这个世界，慢慢会由一个理性群体主宰，比如工程师、律师、医生、MBA 等，转变为高感性人群主宰，他们是艺术家、发明家、设计师、说故事高手、卖手、网红、体验师等。书中详细介绍了高感性人群的六种力量，分别是设计、故事、整合、同理心、玩乐和意义。尤其是最后的意义，也就是善于赋予某件事情意义。

举个例子，以前经常被同学问道：你现在在做哪行呀？回答：我们在干电子商务呢。对方会说：哦，你在干淘宝啊，网上卖东西容易做吗？我心里会想，你才干淘宝呢，你全家都是干淘宝的。我觉得，赋予意义的说法，这个答案至少有 100 种以上。可以是做服装品牌、干批发零售、自己创业做品牌、解决一个市场空缺、改变一个行业现状、努力帮助一群需要帮助的人，等等。关键不是别人信不信，而是你自己是否坚信。

作为一个电商从业人员，如果你还没有办法认清自己的职业或行业本质、社会意义，或者说还没有应该有的自豪，我想你的格局是不够大的。有一个老的段子：一天，有人问三个正在砌墙的泥瓦匠："你们在干什么？"第一个人没好气地说："你没看到？在砌墙喽。"第二个人心平气和地说："我们正在建一座高楼。"第三个人喜气洋洋地说："我们正在建设美好生活。"10 年过去了，第一个人仍在砌墙，作泥瓦匠；第二个人成了一位工程师；而第三个人成了两个人的老板。

佛说，物随心转，境由心造，烦恼由心生。是说，念力，我更觉得是意义，你看世界是什么样，就会得到什么样的世界。很多意义都是人赋予的，在意义之下人们会有很多力量去做曾经做不了的事情。

最后，想一想看，如果今天是你 90 岁生日，你会有什么样的心情？从 90 岁回顾，年轻时候的记忆，你成就了什么、错过了什么、贡献了什么、有什么遗憾，也许你会想到很多很多。但对于大部分电商从业者来说，不会把自己看成一个简简单单的、网上卖货的。

这就是标题。前半句，不要把网上开店看成经营一家公司，是要活着，是要灵活，不要犯教条错误；后半句，更不要把经营一家公司看成开网店，是在活下来之后，能够找到活着的意义，去努力追寻梦想，不要把自己变成一个小商小贩。

阿里内部有四句话，是讲做人、做事的，我一直牢记在心，也推荐给大家。

那就是：

“虚事实做，实事虚做，借假修真，借事修人。”

于此，共勉。

轻松注册成为博文视点社区用户（www.broadview.com.cn），您即可享受以下服务：

- **提交勘误：**您对书中内容的修改意见可在【提交勘误】处提交，若被采纳，将获赠博文视点社区积分（在您购买电子书时，积分可用来抵扣相应金额）。
- **与作者交流：**在页面下方【读者评论】处留下您的疑问或观点，与作者和其他读者一同学习交流。

页面入口：http://www.broadview.com.cn/31001

二维码：

目录

1 说说文化是什么东西 / 1

我天然对“速成”这玩意不感冒，这和英语培训7天过六级、化妆品7天美白、减肥10天瘦20斤，是一样的不靠谱。但没办法，很多人喜欢看这些内容，从本质上说，这是自己投机取巧的内心在作怪，这是一种人性的弱点。

文化是最容易被忽视的事情 / 2

文化就是底层代码 / 4

组织文化先要识别每一个人的本性 / 5

组织文化不光是政委、HR 的事情 / 7

如何开始电商文化层面的工作 / 10

如何运作“唐僧团队” / 11

不同文化的部门如何共生 / 15

三类老板的不同格局 / 16

问题不是离得太远，而是太近 / 19

电商问题的五个层次 / 21

再来说说淘品牌 / 22

文化靠经历、靠悟性 / 24

文化其实不虚 / 25

2 战略并没有那么高深 / 29

从道理上说，战略就是你决定该做什么，不该做什么，有所为，有所不为。简单总结起来，就是你想做什么事情，你想把事情做成什么样，你的目标和理想是什么，有什么机会可以把握，什么东西你可以做，你能做要具备什么样的能力。

什么是电商战略思考 / 30

想清楚你的终点 / 33

如何思考电商战略 / 37

如何实现电商战略 / 41

关于草根逆袭事件 / 44

电商战略的敬畏心和气魄 / 45

系统的战略思维 / 47

战略实施的具体路径 / 48

战略是个不断认知的过程 / 51

战略落地节奏感 / 53

3 电商，就是人商 / 55

什么是创业者？就是所有人都看不清方向的时候，你要能站在那里指出方向，即使不相信，也要假装相信，因为团队中所有成员都看着你。记住，你一定要成为团队唯一的领航员。

什么是电商的核心 / 56

我们往往“重”事“轻”人 / 58

领头人的见识超越一切 / 61

如何聚集电商人才 / 66

关于很傻、很天真的人 / 73

如何招聘高薪核心成员 / 75

你最近好像不在状态 / 77
警惕三个用人误区，90%的公司都存在 / 82
拥抱“80后”“90后”的新世界 / 84

4 从零开始，电商管理 / 87

新进管理者终于媳妇熬成婆了，好歹大小是个头目，所有的事情都有小弟来做了。这就是错误的开始。要当好管理者、创业者、老板，最重要的事情就是管理自己，这是最容易忽视的。

不断适应变化的电商管理 / 88
请先管好自己 / 91
电商管理只有三类事情 / 95
健康是玻璃做的 / 97
其实不用管理电商团队 / 98
说说目标管理 / 104
管理即沟通 / 106
数据管理和管理创新 / 108
成为领导人 / 110
不要忘记最重要的电商知识管理 / 113

5 不以产品为导向的电商都是镜中花 / 115

随着从业时间越来越长，我更加坚信，无论是电商公司还是互联网公司，抑或是其他公司，如果没有设计能力或者整合设计的能力，都将被淘汰。这不是在危言耸听，而是已经到了这样的当口儿。

“六大实”之首 / 116
产品能力就是选货能力 / 118
产品差异点 / 123

取个好名字 / 127
产品的核心三要素 / 130
产品开发设计的三个层次 / 131
控制成本的四大能力 / 133
产品的定价能力 / 134
有条件要塑造产品的背景价值或形式价值 / 137
电商产品设计开发的组织形态 / 138

6 长得丑还真没得救 / 141

在设计人员和非设计人员之间需要一个桥梁，其具有审美能力，就好比互联网产品经理的岗位，对接需求和开发。具有同样的审美能力才能进行沟通，视觉效果没有美丑，只有是否对路，是否能起到连接作用，产生共鸣。

“盗”比抄好 / 142
设计的价值一直被严重低估了 / 145
如何培养设计能力 / 149
审美能力就是设计能力 / 152
设计文化 / 154
设计战略 / 155
设计管理 / 158
产品设计 / 159
关于设计工作的沟通 / 161
如何高效组织设计工作 / 163

7 服务是同客户的连接 / 165

可以这么说，同样的店铺，不同的人接单，效果完全不同，这种效果上的差异和高下，随着时间的发展会变得非常大。所以作为运营总监、电商项目负责人，一定要不定期地当一当客服，接接单。

服务即产品 / 166

电商服务不光是客服 / 168

接触即销售 / 170

服务团队 / 173

服务文化 / 175

服务战略 / 176

服务管理 / 178

客户满意度其实是个伪概念 / 179

三个触点“三大实” / 181

8 平台电商营销的基本套路 / 183

从更宽泛的角度来看，所有的商业模式核心就两个：一是获取流量；二是想办法变现。所谓的互联网思维、所谓的电商本质上都是这个逻辑。

营销四境界 / 184

究竟谁是你的真正对手 / 186

开店类电商的核心 / 190

搜索爆款打造的基本步骤 / 195

无线平台电商的营销 / 200

关于平台的活动 / 204

9 渠道，掠夺展现的战场 / 207

怎么解决渠道冲突呢？

我的理解是，作为品牌方来说，拓展渠道就要有渠道战略和思维。悲观点说，渠道冲突的问题根本解决不了，这种博弈就好比一家养5个儿子，大儿子大了，就要做出牺牲给未来的小儿子。不能搞平均主义，最重要的是看谁代表着未来，代表着希望。

电商渠道冲突 / 209

电商渠道的选择和对接 / 212

有形的和无形的电商渠道 / 215

独立移动电商 APP / 217

电商渠道沟通 / 220

10 数据是电商的语言，系统是为了减少不确定性 / 223

这里说的数据，不光是指电商数据，如PV、UV、转化率、点击率、客单价等，更多的是指电商的经营数据、管理数据、运营数据等。当然，也不要同现在流行的所谓的大数据搞混，对于大部分电商企业来说，大数据还比较远，但要有数据意识，才更重要。

数据将变成一种生产资料 / 224

数据带来的好处才刚刚开始 / 227

如何搭建电商公司经营分析体系 / 229

系统是一种无差别的行动 / 230

数据和系统的结合 / 232

11 做事的节奏感，这是门艺术 / 235

想象一下，假设时间是永恒的，时间不会流逝，是一成不变的，那么一切将变得多么枯燥乏味。在商业上就不会有交替，不会有失败，也就不会有成功。草根永远都是草根，土豪永远都是土豪。

是时候总结一下了 / 236

电商也许就是这么发展的 / 237
再给大家泼一下冷水 / 239
做电商要把握节奏感 / 240
时间是伟大的商业因素 / 243

A 电商创业推荐十书 / 247

说说文化是什么东西

人们常说，树木是从种子中生长出来的。然而，一粒小小的种子究竟如何长成一棵参天大树？种子里并没有树生长所必需的资源，这些资源无疑是从周围的环境中获得的。但种子的确提供了一项关键的东西，那就是整个树木成长的起始场所。当生长所需要的水和养分被吸收进来时，种子能够组织这一生长的过程。从某种意义上说，种子是使未来树木成长的可能性得以变为现实的门户。

——彼得·圣吉《第五项修炼》

文化是最容易被忽视的事情

对于开店类电商群体来说，其一贯奉行干货原则，讲究实用性，大家也特别喜欢收集各种技巧和秘籍，比如 7 天上“豆腐块”、30 天日销过 10 万元，等等。这些所谓的干货，还要在短时间内有效果，是骡子是马拉出来遛遛，有效果出来就牛，就是干货，没有效果就是垃圾。我不知道这些内容对于执行层面的真实价值有多少，很多看上去牛的干货，例如，如何做到 30 天日销过 10 万元，文章里面有各种真实的截图、各种细节，可是看完之后虽然心潮澎湃，但是打开自己的店铺还是无从下手，反而把自己弄得焦躁不安，急功近利。

我天然对“速成”这玩意不感冒，这和英语培训 7 天过六级、化妆品 7 天美白、减肥 10 天瘦 20 斤，是一样的不靠谱。但没办法，很多人喜欢看这些内容，从本质上说，这是自己投机取巧的内心在作怪，这是一种人性的弱点。他们太喜欢一夜暴富了，太喜欢那种轻松迎娶白富美的故事了，也就是俗话说的买彩票心理，希望自己能被这样的事情突然砸中。

可悲的是，目前电商圈里面到处都是这种速效实用主义者，都存在买彩票心理。在沙龙分享、电商会议、卖家培训，甚至是平台的小二朋友圈分享中，到处都是各种各样的速效药。只有很少的人能够真的沉下心来好好修炼内功，所以有人说，成功的路上其实一点都不拥堵，走的时间长了，那些吃速效药的人都已经死得差不多了。更何况，很多人不负责任，造出这些速效药的人可能自己都未尝试过，或者其隐瞒了很多其他维度的内容。比如 7 天上“豆腐块”，你知道其所在的类目处于什么竞争状态、用了什么词、什么产品、什么价格、花了多少费用、前面做过什么活动、后面又有什么活动力度、有多少老客户等。没有这些基本的前提，那些速效药也就是面粉加糖混合一下，骗骗外行人的文字游戏而已。

这样的速效实用主义，导致我们忽视了很多见效慢的实事，比如产品选款，选款好坏直接关系到运营效果，因此对选品能力的修炼特别重要。这也不是短时间内可以练就的，更不用说“文化”这种虚事了。所谓“虚”的维度，“虚”不是虚无，不是没有，而是一直会有持续的影响，但平常无法感觉出来。对这些维度的修炼和提高才是持久的。越是容易学的越没有竞争力，越是难以学会的越具有核心竞争力。

经常有卖家朋友说自己到了天花板无法突破，业绩每年都停滞在几千万元，饿饿不死，吃吃不饱，好像无形之中自己在一个框框里，就是跳不出去。这就是虚事，你看不到，但其却持续在影响着。

我总结出电商里面的虚事，也就是文化、战略、人和管理，称之为“电商四大虚”，也可以说是“创业四大虚”。创业肯定包括电商，电商一定在创业中，所以创业的基本面，也就是电商的基本面了。

在“电商四大虚”中，大家最不重视的就是文化。因为文化看不到、摸不到，更无从下手，但这不代表其不存在，就像 WiFi，我们看不到、摸不到，但手机离不开它——其实我们不需要研究它是怎么连上手机、怎么上网的，只要学会如何使用它来服务好手机就行。

文化就是这样一个最重要的维度，常常被大家忽视或误解。

它看不见，却真实存在。

回到前面所说的干货中，我们经常读各种电商书、参加各种培训、听各类电商大咖的分享、看各种所谓的干货，这些内容固然有一定的借鉴意义，但从本质上说，很多层面的分享是很难用语言传递的。我们听的有些东西是理解不了的，或者是片面的。越是虚的东西越难理解，短期内看对业绩销售流量转化没有直接效果，想象一下：如果干货有用的话，那岂不变成了成功学，人人都能成功？所以说电商实用主义其实也非常偏激，所谓的干货也就听听，而这些虚的事情更是被大家鄙夷。

我们忘记了，最不起眼的事情和简单的东西，才是最难学会和得到的。最难学会的才具有核心竞争力，如果看看帖子、上上培训就可以获得竞争力，那岂不遍地都是大卖家？

文化就是底层代码

那么究竟什么是文化呢？对于所谓的文化，如果你还理解为墙上的标语、给同事过个生日、在公司内部叫花名、团队出去 outing 一下，等等，那说明你还停留在初级层面，这样的理解就太肤浅了。就好比在大多数情况下，你看到别人家的孩子总是比自己的孩子听话，别人家的老婆总是比自己的老婆好，这只是因为你没有看透，因为你没有深入地和他们相处，在一起时间久了其实你就会发现还是自己的孩子好、自己的老婆好！

对于“文化”这个词，其实我更愿意用基因来表达，或者再准确一点，叫作组织基因或基因共同体。它肯定不是出现在墙上的东西，也不是虚无的，我认为它是组织的底层代码，是社会基因，是冥冥之中的宿命，这说得高深了。家庭有家庭文化，所以教育出来的孩子都不一样，处理问题的方式、方法、行为模式也不一样，这是家庭基因，血缘和行为的混合体，所以每个人的行为都被家庭基因所左右。左右组织的就会有组织文化，我认为只要是两人以上的团队，就一定有某种文化存在。

有一部很火的电视剧叫《平凡的世界》，这部电视剧看得我热血沸腾，这其实是一部阐释个人文化的电视剧，我强烈推荐电商圈的朋友们去看看（不好看，找我退精神损失费啊）。如果你时间富余，还应该去看看原著小说。主要的故事梗概，就是孙少平、孙少安两兄弟的关于生活、爱情、工作的奋斗故事。故事的主人公孙少平无论是做队长、干农活，还是开砖厂，抑或是谈恋爱，他的文化都是先考虑别人的感受，再考虑自己，所以他会放弃很多本来该属于他的东西，包括爱情。而孙少安，做任何事情都会有始有终，如种地、教书、搬运、挖煤，所以他在任何行业都可以做到优秀。对于个人而言，文化就是底层行为模型，或者认知模型。其中还有很多人物角色，他们都有自己独特的认知和行为模式，这就是俗话所说的“江山易改，本性难移”中的“本性”。还有一句话叫“3 岁看小，8 岁看老”，我们内心应该有两种基本模型，一种是内在小孩，一种是内在父母，这是我们对这个世界产生反应的原动力。

所以，一个重要的观念就是要承认世界上每一个人都是独一无二的，你和你的团队成员都是如此。最大的失败和痛苦就是花大量的时间去改造一个人，或者妄想把一个人培养成和自己一样。德鲁克说，作为管理者只要用好每一个人的长处，至于改变他，那是上帝应该做的事情。不知有多少痴心少女，说自己可以改变这个男人，或者这个男人愿意为自己改变，这就是妄念。

组织文化先要识别每一个人的本性

组织文化虽然不是个人文化的合集，但作为管理者首先要看自己，然后识别团队内每一个人的本性。换句话说，要知己知彼，知己在前，知彼在后。

前些年一部超级火的电视剧叫《亮剑》，这部电视剧我看了不下10遍，里面的台词差不多都可以背下来了。我认为这是一部讲组织文化最好的教科书级的电视剧，没看过的，赶紧找来突击一下。故事主要讲核心人物李云龙领导的独立团，如何能够打出漂亮仗，也从这个中层角度阐明了我党为何能够创业成功。单就这个弱团在李云龙的领导下如何慢慢变大、变强这件事，是不是对我们梦想从小卖家变成大卖家，甚至超级卖家有很多借鉴意义？独立团的文化一方面是李云龙个人本性的放大，比如从不做亏本买卖、爱恨分明、敢打敢拼、不放弃不抛弃任何一个同志、重情重义等，同时也是团队所有人的本性聚合，是大家相互影响，在战斗中相互提升的一种精神气。对于团队而言，文化就是集体意志和潜移默化的影响，所以文化不是一个政委的工作，而是所有人的工作，尤其是业务领导人的气质首先要匹配这种味道。最后电视剧的结尾阐明了这种气质，叫作“亮剑精神”：

> 古代剑客们在与对手狭路相逢时，无论对手多么强大，就算对手（方）是天下第一的剑客，明知不敌，也要亮出自己的宝剑。即使倒在对手的剑下，也虽败犹荣，这就是亮剑精神。事实证明，一支具有优良传统的部队，往往具有培养英雄的土壤。英雄或优秀军人的出现，往往是以集体形式出现的，而不是以个体形式出现的。理由很简单，他们受到同样传统的影响，养成了同样的性格与气质。任何一支部队都有着它自己的传统。传统是什么？传统是一种性格，是一种气质！这种传统与性格，是由这支部队组建时首任军事首长的性格与气质决定的。他给这支部队注入了灵魂，从此不管岁月流逝、人员更迭，灵魂永在。这是什么？这就

是我们的军魂。我们国家进行了22年的武装斗争，从弱小逐渐走向强大，我们靠的是什么，我们靠的就是这种军魂，靠的就是我们的军队广大战地指导员的战斗意志。纵然是敌众我寡，纵然是身陷重围，但是我们敢于亮剑，我们敢于战斗到最后一人。一句话，狭路相逢勇者胜。亮剑精神，是我们国家军队的军魂。剑锋所指，所向披靡。

建议做管理者的同志，把这一段话烙在心上，可以说关于组织文化、团队文化的精髓就在这里了。

组织文化不光是政委、HR 的事情

文化建设还有一个误区，就是很多人往往把这件事情交给 HR，或者认为找了一个政委，招了一个人事专员，就万事大吉了，这就大错特错了。

顺便说一下，很多卖家团队没效率，其实有两个原因：一是分工界限太明确；二是开会太少。我认为，分工太细是主要原因。对于开会太少这个原因，这里卖个关子，在后面的沟通章节再和大家分享。分工界限太明确，往往导致不是为最终目标和效果负责，而都是在为人为划分出来的地界负责，比如我只负责采购，销售不归我管；我只负责财务，成本不归我管，等等。在没有完善文化的公司中，分工太细就是一种效率低下的表现。同时外部的环境也在变化，以前都是确定的事情，所以分工可以确定，而现在突发事情太多，需要的文化就是要打破分工界限，拥抱变化。比如一个售后投诉扣分，是客服还是运营负责；大量的库存堆积，是运营还是采购的责任，抑或是产品设计的责任；一次活动失败，没有达到预期目标是谁的责任；好不容易招了一个新员工，一个礼拜就离职了是谁的责任……

太多的问题不能用清晰的部门界限来划分。

所以才会有这是 HR 的事情、这是政委的事情、这不是我们的事情等现象发生，我发现很多老板也存在这种观念。分工一明确，就会导致凡事都要划界限，而没有人为结果来思考、负责，然后每个部门应该承担什么样的职责，一起达成目标。因此，大部分人都会认为文化工作都归 HR 管，财务部门管财务，生产部门管生产，这不是定岗定职吗？

其实，我们除了要承担自己部门的事情外，每一个部门都需要交叉理解其他人的工作，都要为总体目标去努力和完善，这才是效率的根本。

所以说，对于文化工作，绝不应该是政委或 HR 一个人在战斗。

组织文化、团队文化是每个个体成员的本性合集，又汇聚成某种群体意识，看不见又真实存在的东西。

举个例子，假如你作为老板或者运营总监，你自己的底层行为模式是不是会极大地影响团队处理某些事情的结果，比如犹豫、害怕犯错、优柔寡断？在要快速反应的路上你是不是会屡屡吃亏？你的团队如果不能够指哪儿打哪儿，不能够在攻坚时咬牙熬过去，最应该反思的是不是领导人自己的本性呢？反之，群体的本性也会影响到领导人意识。所以一起吃过苦、一起熬过痛苦时期的团队更容易成功，比如战友、同学，每每渡过难关，在进行攻坚战役时有这种底层基础存在，事情往往能够顺利地解决。

我初为运营总监时就吃过很多这种苦头，首先是个人完美主义，一件事情没有想清楚就不愿意去落地，结果就导致很多事情没法开展。一个人单独做事情的影响还很小，但一个团队做事情时就容易出各种状况。有些想法，自己觉得非常完美，往往一激动，主观上就会认为大家都能理解自己的意图、计划，结果就导致很多事情想得很美，却落不了地，也就不可能产生效果。

曾经一直认为关于文化、信念、精神这些东西都是最不重要的，但随着年岁的增长、阅历的增加，以及同很多有成就的企业家接触之后发现，本质上人与人之间的差别就是受这些东西的影响所导致的。

比如我们准备电商活动，制定出活动目标和方案，如果你作为负责人不是百分之两百地坚信目标，不够坚信这个团队能够完成目标，那么你内心的犹豫、困惑、摇摆、害怕，其实团队里的成员是看得出来的，因为在不经意间就会从你的行为、语言、表情当中表现出来。这就是会影响结果的很大一个因素。

文化就是一个团队、一个公司、一个组织的基因，是我们的底层代码，团队行动顺这个基因做事就顺，不顺这个基因就多半不利，就会出现大量被动的弊端。很多人都在争论究竟是文化匹配业务，还是业务产生了对应的文化呢？这个问题有点哲学的味道，鸡生蛋还是蛋生鸡，我们就不去纠结了，要不然真就变成老学究了。做事情是否顺，唯一的一条就是回头看看你的团队在做业务的过程中是否顺利，因为这些都会变化。在工作中，如果你发现自己和下属的关系越来越紧张，和上级的关系也越来越紧张，这个时候就是你做事情不顺文化的最直接表现了。这区别于你好、我好、大家好的假和谐、和稀泥，这种假和谐大家其实是能够感觉出来的。

我们既不用太刻意，也不用太随意，只要是符合自己的本性，符合团队的本真，这时就是团队效率最高的时候。这说起来容易，但做起来太难了。

如何开始电商文化层面的工作

说了半天究竟什么是文化，还只是停留在看猪跑的层面上，这当然不是我们的目标。

所以问题来了，我们如何才能够打造出拥有高水平文化的电商团队呢？其实我不喜欢用“打造文化”这个词，更喜欢用“开展文化工作”。因为文化是打造不出来的，动不动要打造出什么样的文化，这其实是一个非常大的误解。

这里讲一个前提，做电商的先决条件，我认为先想清楚自己要做成什么样，老板也好，运营总监也好，都需要有这个意识思考，一个是终极目标，一个是阶段性目标，这个目标你能让所有人看见就是愿景，在做这件事情的过程中积累的行为底层准则就是价值观，事情的升华就是使命，而这个过程就是文化。

我用史上最有名的虚拟团队给大家解释一下。

如果说“唐僧团队”是最好的团队，那么你就要想清楚自己究竟是唐僧、孙悟空、沙僧还是八戒，抑或是白龙马。毫无疑问，老板或运营总监首先要成为的是唐僧，可惜很多人一直把自己想成孙悟空，所以老板干成了运营总监，运营总监干成了总监运营。其实，这五个角色就是五种思考的角度，就是五种个人文化基因。

- 作为唐僧，你要在信念和精神上相信自己的团队一定可以做出成绩，给他们确定的方向和计划，告诉他们你对未来是什么样的思考。

不断地提高自己对各方面的认知能力，让团队的努力在一致的方向上做出新的内容；

- 作为悟空，你的角色就是技术竞争力所在，你要完成的是对于核心业务的技术支持和技术创新，能够为团队带来切实的业务增长技术和经验；
- 作为八戒，你的功能是成为团队内沟通的桥梁，是团队氛围的调节器，是团队业务压力的缓冲带。当然，你在团队业务上也要有两把刷子，虽然比不了悟空，但在具体分工模块中也能独当一面；
- 作为沙僧，是业务的最直接执行层，必须要指哪儿打哪儿。这个角色需要的不光是执行力，还有积极的服从力，能够在执行中做正反馈，精益求精，勇猛向前。

作为白龙马，日常的打杂和跑腿工作是不可避免的，因为你是资历最浅的大学应届毕业生，所有工作对你来说都是一种历练，要能够在业务当中快速地成长，做到能够独当一面。

以上几个角色合在一起就是团队或组织基因，孙悟空可以是一个人，也可以是一个团队或者一个大部门。这个思路也非常符合王阳明格物论，或者西方叫分行学的思想，一个小体系，套上一个中体系，再套上一个大体系，从简单到复杂。

如何运作“唐僧团队”

前些年风光无限的淘品牌，也就是网络原创品牌，而今有多少安在？除了几个女装品牌还在，大量的类目被传统企业所攻占，在令人扼腕叹息的同时，我们作为事后诸葛亮来分析，希望能够给大家一些启发，希望从不同的角度可以得出很多不同的经验教训。对业务层面的分析我们在后面章节中再给大家进行详细的介绍，这里主要从文化的角度进行分析。

当然，一个公司业务萎缩或发展出现瓶颈有各种各样的原因，我们试着从文化的角度来看看淘品牌背后那只看不见的手在起什么作用。

大部分淘品牌走的发展道路基本相差不大，大致是因为网络销售增加了，需要自己建厂搞生产，为了保证供应链自建仓库，同时客服扩张，团队扩充，部门林立。我见过一个淘品牌公司的摄影师居然有 5 人之多，还是一个基本不需要上新的类目。你可能会说是因为发展速度太快，而团队的管理跟不上去，这当然是一个原因。但这只是表面原因，更深层次的原因是商业链条太长，文化脱节导致的。一个公司、一个团队，从原料开始到终端销售服务客服，整个链条下来，想想看有多少人能够 Hold 住。

在某个阶段这条道路是正确的，或者在某些前提下可以快速增加供应链的反应能力，但随着团队人员的扩张和增加，这条路就越走越窄、越走越累了。当然还有很多奇葩淘品牌，他们选择提高公关能力作为核心竞争力，选择的是公关各类资源平台，其他电商模块一概不花精力提升，于是就出现了“驻杭办”这样的机构。这个认知层次就低了很多，具体的留到营销章节再讲吧。

我们来看看大部分淘品牌电商公司的部门架构，类似如下：

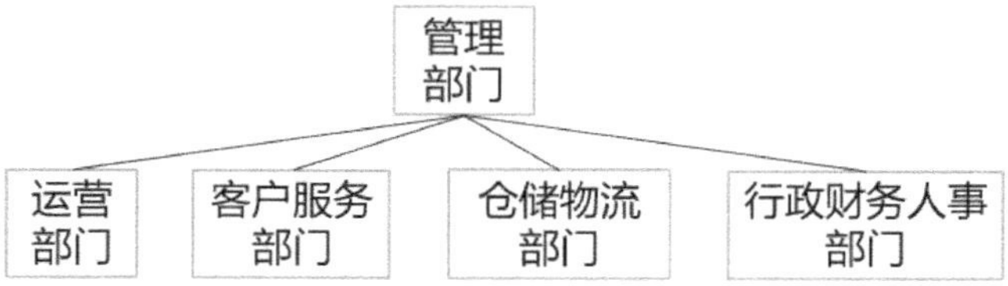

有些公司还有线下业务，需要增加门店等，从文化的角度来看：

- “唐僧部门”——核心管理层面，制定方向和战略；
- “悟空部门”——运营设计，时间作息不定，通常夜出昼伏，典型的互联网文化，以结果为导向，属于知识工作者；
- “八戒部门”——客户服务，时间确定，销售和服务文化，按销售提成，客户服务满意度，属于体力加脑力混合型工作者；
- “沙僧部门”——车间仓储物流，时间确定，工厂文化，计件，多劳多得，需要生产效率的提升，属于体力工作者；
- “白龙马部门”——财务、行政、人事，国企公务员文化，以及深恶痛绝的税务会计体系，属于半政府部门。

看看大家有没有“中枪”，目前大部分电子商务公司或者淘品牌公司，抛开“唐僧部门”不算，都是以上 4 个不同的工种、不同的管理文化的综合体，我们称为“鸭嘴兽”。甚至，有些老板还会让“唐僧部门”去捉妖，根本就用不好这个部门，常常搞混这之间的角色关系。

有人会疑惑，这样的架构有什么问题吗？各部门相互配合，不是完美的唐僧西天取经的团队，优势互补吗？我们一个个来分析，暂不说作为老板或者运营总监的“唐僧部门”，先来看“悟空部门”，是典型的互联网文化，大部分公司的这个部门都是核心部门。当然，我也见过很多不认为运营是核心的传统企业，其大部分是品牌驱动电商的，大量的流量来自品牌词的搜索，所以根本无须运营。

“悟空部门”，结果导向，不要管作息时间，没结果自己加班。员工的脑子远远大于双手，所以站在资本家的角度来看，其实他们的理想状态是 24 小时都在思考，都在想办法，都在产生灵感。

“八戒部门”，客服部门，处理接单、售后，是销售文化或者服务文化，强调的是沟通，但大部分功劳都被“悟空部门”抢走了。我也见过有些静默转化很低的类目，完全需要靠客服部门来接单，对他们来说，客服就是核心竞争力，就是“悟空部门”。

“沙僧部门”，最辛苦，一搞活动几万单，其他部门还经常有要求，如发货时间、库存准确等，是典型的工厂文化。最好的考核方式是计件，多劳多得，还有出错率。工厂以效率和成本为第一考量。

“白龙马部门”，与世无争，是典型的财务文化或者公务员文化，最准时上下班、最死板的就是他们，这是一种国企公务员文化。大家都知道，大部分公司的财务其实不是为了公司而存在，而是为了国家税务体系而存在。

好了，现在请这几个部门都交到你的手上，请问你是否能够权衡这几种不同文化体制之间的关系。比如常常看到很多商家管理迟到现象，运营说我们晚上加班，上午晚来一点儿有什么问题；客服说为何运营可以迟到，我们就必须要准点，我们也很辛苦等。所以我对于那些能够同时管理这么多部门的公司非常钦佩，要修炼出这种综合管理的本事是很难的。这导致部门与部门之间、文化和文化之间存在着大量的能量浪费。

如果这些方面没有修炼好，队伍一旦扩大，马上就会遇到天花板。商家们会越做越累、越做越差，还不知道问题出在什么地方。就好比医学上的“基因病”，这种病从人一出生就已经在那里，剩下的只是时间问题，在什么时候发生或许早已在某个时刻注定了。

你可能会说，不是还有很多淘品牌活得很好吗，他们也是这种架构。

我的解释是，要么他们的时间没到，还没发作，要么他们已经找到了破解的方式，要么他们的问题你看不到而已。因为信息不对称，有问题的公司不会天天在外面说自己公司的问题。他们天天分享所谓的干货内容，做做软文营销倒是非常积极的。

不同文化的部门如何共生

首先要从老板开始，有一句很经典的话——老板就是企业的天花板。这就是我们上文没有分析的“唐僧部门”。其实也不难理解，这个部门的本性就是整个公司最大的天花板，有的是老板一个人，有的是夫妻二人，有的是管理层团队的很多人。为什么取经之路本来是 3 年的路程，却走了 14 年之长？当然，这中间各种困难、耽搁是一方面，最重要的是唐僧本人。因为那个时候的他还是一个凡人，不是神，是人就会有退缩，就会有信念不坚定的时候，就难免会害怕、恐慌，这是他内心的动摇和犹豫，我想很多创业者都有这种感受。一会儿觉得自己好牛啊，这也可以成功，那也可以成功，一会儿又觉得自己的公司很快就要倒闭了，这么多困难，这么多麻烦，所以创业就是一种纠结。这是正常的感受，不正常的是很多老板或电商运营总监往往把自己当成神，以为自己无所不能，一切都可以掌控，而且不光把自己当作神，把别人也当作神，以为请一个运营高手或者找到某种灵丹妙药就能够让店铺成为神店，这就是病，得治。卖家朋友你们看看自己，是不是也得了这种病。

但凡涉及“基因病”的，都不是后天的，在运营总监层面已经很难解决，必须要从老板入手。

从目前来看，我给大部分电商老板排排坐，分成三类：

一是工业型老板，工业思维，认为工厂是核心，品牌是核心，要做基业长青，永续经营，所以其公司会自建工厂，会慢慢做重；

二是农业型老板，农业思维，小农经济，一年赚 500 万也好，赚 200 万也 OK，就这么个架构一直走下去，也没有太大的野心了，或者曾经有过，后来由于某种原因没有了；

三是电商型老板，电商思维或者叫互联网思维，核心品牌和产品研发自己掌握，其他外包做得比自己更好的全部都可以外包。

这三类老板所占的比例我猜应该是 5:4.5:0.5，最后一种思维应该占 5%左右，没有数据依据，纯属个人经验。

夜深人静的时候，坐在阳台上，点上一根烟，吹着凉风，吐个小烟圈，老板们可以思考一下，自己属于哪一种呢？究竟自己的初心是什么？因为已经过了温饱水平，就要思考更长远的事情了。

三类老板的不同格局

对于这三类老板，你作为运营总监，在文化层面应该如何去破解呢？

首先，毫无疑问，你要先看清楚自己的老板是什么类型的，这个很重要，然后再想怎么破解的问题。如何看清，就要从宏观、微观全方位 360°无死角观察和沟通了，结合你想要什么，是钱、事业、经验、历练还是其他的，然后再想对策。

第一，工业思维老板，以工厂为“悟空部门”，那就是以互联网思维做工业，如果要把供应链做成电商供应，你就成为最理解电商的供应体系，做成面料供应商，做成服装加工商，而自己的电商可做可不做，只是附带尝试一下的业务，从而全面转型电商化供应链，在这个方面其实做得最好、最大的就是富士康，成为全世界最大的手机供应链公司。虽然你做不了那么大，但是可以成为某个专业领域、专业模块的供应链之王，比如ykk（最大的服装拉链）。这个时候运营总监的工作就是如何建好自己的体系，转型供应链运营总监，积累核心技术，支持核心客户，代工厂也要理解电商的好，要不然工厂转型转什么，不就是转变思维方式吗？

第二，农业思维老板，这种老板往往比较隐蔽，他们不会在脑门上写着自己有农业思维。一般不会直接表现出来，会有很多情怀、理想等包裹着，但魔鬼在细节，在很多细节上会表现出来。比如看公司的资金投入在什么地方，这是无法隐瞒的，还没赚到钱的另说，是买地盖楼还是买豪宅、豪车，很容易看出来。对这种老板来说，有效的对策就是承包，也就是你要有本事把自己变成CEO，而他变成董事长或者股东，然后再用第三种思路来解决。

第三，电商思维老板，很幸运你的老板是这一类人，这一部分当然要多讲一点了。

有一条原则，就是自己能做且做得好的自己做，自己做不好的就外包。把自己最擅长的部分做得越来越长，修炼到炉火纯青，无人能及的地步。即使你能够掌控不同的文化部门，各部门也都很顺畅，我的建议也还是要做一些改变，通过人为地制造物理分裂，就是按照四种文化进行区别和分开对待，甚至可以独立核算成立各个子公司。

“沙僧部门”，独立的一个地方，工厂文化，主要负责产品制造、供应链仓储物流，这个完全有必要建立子公司，最高负责人是厂长，所有的对接都可以用货币化的方式和电商公司进行独立结算；

“八戒部门”，独立的一个办公场地，可以分开到另外一个城市，如果没有条件，也应当隔离办公，把办公场地做成明显的区隔。主导销售文化，主要负责客户服务，最高负责人是销售总监或者副总；

“悟空部门”，主导互联网文化的一个地方，主要负责运营、视觉、产品设计开发等，主要集中在人才招募区域，最高负责人是运营总监或者副总；

“白龙马部门”，主打严谨的财务文化的一个地方，主要负责财务审计与预算决算、价格管控成本核算等。

通过人为地把这几个部门分裂，倒逼形成一种良性的混合文化模式。就像在商业中心附近的一条双向双车道的路往往特别的堵，但是在中间架上一条铁栏杆之后，车流就会变顺。交通越拥堵的地方，中间越需要设栏杆，倒逼交通分流，或者干脆变成单行线，这就是物理治理，也就是虚事实做。看起来实际的事情和办法都有一个虚化的目标和理想，落地之后又形成办法，顺应人性。选择增派警力指挥、调整红绿灯、罚款扣分等手段都是在增加自己的工作，往往事情越做越复杂，离目标也越来越远。

到了这个层面电商公司思考的就是这些问题，也是能够进一步做大的重要条件之一，否则全部搅和在一起最容易增加内部的摩擦和信息的堵塞；目的是让大家在同一个游戏规则下做事，否则经常出现的问题就是周周说、天天说，而且都是细枝末节的事情。每个人都可以对其他部门指手画脚，工作时间全部浪费在这些地方，欠缺有效性。

仓库物流（工厂文化），客服（销售文化），运营，包括设计、运营、推广等（互联网文化），三者必须要分开，必须要用不同的文化对待不同的问题，本质上就是基于这个分工下的高效率运作！

问题不是离得太远，而是太近

这些部门分开之后沟通的效率会不会变得更低？

答案当然是否定的。

我曾经在一个典型的电商公司工作过，公司在一个工业楼上，一共四楼，其中一楼是仓库、发货；二楼是运营、客服、财务；三楼是车间；四楼是布料等原材料，公司的核心业务就是在淘宝、天猫等电商平台上销售产品。关于快递问题、发货问题、查件问题，客服和仓库之间每天来来回回地搞，库存不准的问题、漏发错发的问题等一直都解决不了。因为在潜意识里，大家觉得什么都可以直接当面说，更方便，没人会去梳理、在意邮件，都在处理具体的事情。于是就会造成问题没有优先级，所有问题都变成了最重要的问题。当然，这和负责人的素质也有一定的关系，本质上没有进行信息分流，内部信息和外部信息没有归类和对接。就像我读大学的时候，回家坐火车要二十几个小时，不是非回不可的时候是不会回家的，后来高铁 6 个小时，基本上小长假就要回一趟家。抛开亲情部分，单从路途上消耗的时间和金钱的角度来说，不是更少，而是更多了。再比如现在的智能手机这么普及，已经很少有人看大量的书了，其实信息更多了，但往往你的效率更低了，你已经没办法读一本完整的书。这就是信息冗余之后，产生大量的资源浪费和时间浪费。这些扯皮和无效的行为，会导致核心的板块无法提升，导致企业不增长，形成负循环。

想想看，如果仓库在另外一个地方，是不是就会逼迫大家找最重要的事情去沟通，实在没必要的事情就自己先罗列理顺了，再协商沟通，到时候整个流程都会有系统来保障，都有人来负责，意外总会发生，出现在哪里就会在哪里解决。

这看起来是管理问题，其实本质上是文化的冲突问题。我们本身的文化就会有语言上的冲突和分歧，再加上每个部门都会认为自己是公司的“悟空部门”，所以这种冲突到处存在。作为主事者，你首先要清楚哪些部门属于核心部门，是核心竞争力所在，是“悟空部门”，哪些是配合部门，目前流行的说法就是哪些是 1 的部分，哪些是 0 的部分。这也是在《孙子兵法》中，做事要分正和奇的思维方式。

在我看来，目前的电商业态以开店类电商为主，运营就是核心关键部门，就是“悟空部门”，所有的资源都需要他们来整合调度，而其他的都是支持部门。支持部门不是说不重要，而是要积极沟通和配合，才能有效地发挥出自身的价值。作为支持部门就是要做好平台建设，能够让各个运营团队长在自己的上面。我们的原则就是能做就自己做，做不了就外包，需要有一种大地一样的胸怀，这样什么都可以在上面生长。

怕就怕很多公司没有这些体系，或者说根本不具备管理四个部门的能力，这时你作为运营总负责人就会发现很多问题，几乎无法调和，而且越积越多。在部门分割和管理的难度上大大超过这些问题，你往往会有一种想做一些事情，却发现没法推动这些事情的感觉，无形中的绳子绑住了你的手脚。用现在流行的话说，就是你做的事情比你所面对的问题低了一个维度，不在一个层面上，所以你根本解决不了，且越做越复杂。

电商问题的五个层次

这里有必要解释一下，关于分析事情的五个层次，这是依据彼得·圣吉的理论总结出来的。很巧，和我们所说的“唐僧团队”的五个角色也是吻合的。从上到下，依次是：

- 愿景
- 心态
- 结构
- 模式
- 事件

先从下到上、从简单到复杂，一一解释一下。

第一层是“事件”，是指非计划性的、一次性的、没有原因的、突然发生的、未必会再次发生的事情。比如你凑巧上了一次聚划算活动，卖了10000 笔；再比如你被投诉了，扣了 12 分等。

第二层是“模式”，是指重复性发生的“事件”。如果你每个月都可以上两次聚划算，每次都可以做不少活动；你每个月都会违规一次，那么就从“事件”变成了“模式”。

第三层是“结构”，是指造成“模式”不断发生的整体性、系统性原因。如果你成立了活动部门，专门针对聚划算开发产品，专门运作活动报名，对接小二，推广活动，那么这就是一种结构。这种结构会保证你第二层和第一层正向的事情发生，也可以保证你负向的事情不发生。

第四层是“心态”，是指主事人对“事件”、“模式”、“结构”的态度、看法和信念。这主要是由我们的文化所导致的，有底层代码，才会影响心态，心态才会改变行为。活动团队，上活动是为了做全店搜索，做聚划算不是为了赚钱，而是为了带动全店，这就是心态。

第五层是“愿景”，是指主事人配合这样的“心态”，想要采取的行动，达到的目标，看到的效果。也就是说，他认为这么做下去要做出什么效果。还说聚划算，这么参加下去，是要把聚划算打造成一个稳定的渠道，还是一个选品平台，抑或是一个库存变现通道，俗称货品下水道，卖不出去的才上聚划算等，这就是愿景。

显然，我们分析问题、公司决策、团队治理要从第五层开始，从上至下进行思考。试着分析一下公司内部的关于迟到问题，你会发现很多时候每天的时间都花在了“事件”层面，当然无法解决问题了。

所以，文化层的问题就是导致第四层和第五层认知的直接因素，用文化层的方法和文化层的人才去解决问题才能抓到根。

再来说说淘品牌

仔细想一想，卖家和阿里之间也是类似这样的分工，阿里负责流量和网络基础设施，这是其“孙悟空业务”，卖家负责接客和提供服务，这是卖家的“孙悟空业务”。阿里同时按照游戏规则进行客流分配，这就是开店类电子商务的模式。

我们做了这么多年电商，尤其是那些从淘宝起来的草根淘品牌，究竟为何日子会越来越难过？为何会有这么多问题？本质上是自己进步的速度不够快，还是身体里的基因病开始发作了呢？比如你老是要回到那个上上聚划算就可以赚钱的时代，以为那才是电商应该有的样子，那么说明你就得了不与时俱进的病，还病得不轻。这是一种眼睛长在屁股上的文化，是一种向后看的文化。而我们更需要的是不断向前开拓，不断看着未来的方向，不断适应。

所有的文化都是真实存在的，只是我们看不到，但其一直在起作用，不断地影响我们的行为和结果。对于这种体系的搭建和调整，最重要的是自觉和自知，就像前面所讲的，首先要承认自己是人，不是神；其次还要承认别人也是人，不是神。是人就会犯错，是人就会有情绪，是人就会有情感，是人就会有优点和缺点，是人就会与众不同。

总结：对于个人而言，文化更像是性格，或者说认知模式、底层代码。因为认知模式决定行为模式，决定习惯，决定性格，然后决定结果。

我们看《三国演义》里面的各类人，本质上是文化的不同，那些所谓的神人，比如诸葛亮、司马懿、贾诩、曹操等，能把人看穿，能够未卜先知，其实就是他们能够看到每个人不同的文化，据此推测出其行为决策，推断出结果，预测未来。

关于个人文化如何评测，西方有很多有效的理论体系，比如盖洛普、九型人格、mibt 等，中国有古老的周易、八字、奇门遁甲等，这是我们老祖宗的智慧，还有现在乐嘉自创的理论等。关于各种理论大家自行学习吧，这里就不一一展开了。我只是想作为一个引子，能够激起大家的兴趣就好。

文化靠经历、靠悟性

我们自己的经历对于个人文化的影响是非常大的。马云说，很多人能够模仿我干的事情，但是没办法模仿我经历的苦难和痛苦。想当年，我在阿里工作的时候常听马云的演讲。他讲价值观文化使命，那时的我觉得他无非就是想忽悠我们为他好好干活，好好建设他的新商业文明。但我离开阿里很多年以后，2015 年又参加了阿里离职员工大会，马云还是讲这些，我发现我有一点点明白这个中味道了。因为没有经历过，所以没办法理解，就像对于一个没吃过甜东西的人，你和他描述什么叫甜味，是不是很难，这种感觉只有自己真的尝过才能体悟。

俞敏洪在一次分享上说：

> 我现在告诉年轻人，就是要去闯、去努力、去奋斗。只要不做坏事，只要保持良心，剩下的什么事情都能去做。年轻人不能像学佛教一样，告诉他生老病死不可避免，所以两岁就进庙里。这没有任何意义。和年轻人的勤奋不同，现在我的勤奋已经是另外一种概念——思考。我会经常写一些笔记、感悟等。我现在的体会是：心在退，人在进。“心退”是让天地更加广阔，“身进”是因为知道逆水行舟，不进则退的道理。但是我不能和年轻人讲这些东西，因为没有一个人能把自己的经历、体验种植到其他人的身上。就好像克隆，可以克隆出另一个俞敏洪出来，但那个俞敏洪是一片空白，而这个俞敏洪却是经历过人生风雨后的一种丰硕状态。这是两种完全不同的状态，一个是臭皮囊，另一个是有精神支撑的、肉体之内的灵魂存在。

大家理解一下，这种过来人的状态，是某种经历下的文化。

我们犯过很多错，大部分错的核心其实就是当自己是神，同时也当别人是神，在这种模式下产生了一个非常扭曲的自己。我以前也一度是这种认知，那在什么时候开始自觉和自省的呢？是我当了爸爸以后，让我发现了自己的很多问题，开始真正学习如何倾听他人，学习如何正视自己、认识自己。

因为在2岁半的儿子面前，我几乎不能用以前所有的办法，我教的他学不会，或者不愿学，我和他沟通他无法听明白，他根本就不听我的，有时候还故意和我唱反调，并且乐此不疲。我要的他给不了满意的答案。但当我试着蹲下去，和他一起做一样的同频动作或进入他的角色的时候，他就非常容易和我沟通了。所以当你的层面他理解不了，他的层面你也理解不了的时候，只有你蹲下去试着接受你们之间是不同的，只有这样，两个完全不一样的个体才可以相互接受，这个时候我们往往可以和孩子相处得很好。同样，对待自己的团队、自己的合作伙伴也一样。

我们自己的经历不能复制到别人那里，你只能作为一个不同的个人，融入到组织里，最后你还能跳出来看自己，你会发现世界是不一样的，电商也是不一样的，这就是德鲁克说的旁观者思维吧。

文化其实不虚

在文化的集体层面，2人以上10人以下、10人以上50人以下、50人以上等当然也是不一样的，所以需要不断地修炼，其间我有一些感受、经历可以分享，但重点还是要靠我们自己去领悟。1000人以上我还没有经验，什么时候有了经验我再出一本书详细地介绍各种层面不一样的文化模式和交流。

集体层面的文化，就复杂在它有相互作用，两个人之间、三个人之间等，比如夫妻之间、团队之间。大部分公司抓大放小，小问题不深究，大问题重引导。

虚事实做，文化是最虚的东西，但玄之又玄其乐无穷啊。

仔细观察，从自己开始，了解自己，了解同伴，了解团队，了解竞争对手，通过一点点的细节、行为、项目事件、奖励什么、弘扬什么、产生什么、获得什么样的阶段性成就，将工作、生活的点点滴滴汇集起来，就是团队的文化。这个文化一旦建立就会延续下去，无论做什么都可以体现出来，所以阿里可以轮岗，而你不行，不能乱学，画虎不成反类犬。

文绉绉的解释是，企业文化在表面上表现为员工在某些非强制行为上的一致性（比如门的开关、对领导的称呼、上班的穿着等），这些行为会潜移默化地影响每个人的工作习惯、态度，形成一种类似于群体性职业精神的东西，此时就可以称之为企业文化了。

行为和态度之间没有先后关系，两者是相辅相成的。和人一样，可以参考王阳明的知行合一的思想。

成熟企业间的文化差异之大有时更甚于民族之间。思考一下中国的儒家文化和西方文化之间的差异、形成发展的历史、对个人行为的影响，或许能更好地帮你理解“企业文化”这个概念。

欧美企业、韩日企业在这方面做得明显好于国内企业，大型企业一般好于中小型企业。从这个角度来说，我会一直乐观地看好中国经济，因为现在大部分中小型企业基本面的经营水平低下，协作效率也非常低下，但就是在这样的水准下，还成为了世界第二大经济体。那么未来十年，我们不断学习，我们本身又不傻不笨，等将这些方面提升上来，变成第一大经济体岂不是易如反掌。也可以这么说，这是目前经济结构化调整，就是大家所说的生意越来越难做的原因。因为标准变高了，以前只要 60 分及格就好，现在要求 80 分了，所以就难了。

如果你还是大学生，将来无论是否做电商，建议你在工作最开始的几年去文化较好的企业，沉淀下来的习惯和思考方式对个人职场的影响是一辈子的，就是用组织去连接自己，让自己拥有良好的职业文化。

但也千万别因为进了大公司而自恃过高，忘记了自己姓什么，其实牛的不是你，而是你的团队，所以多用欣赏的眼光看待别人。

一般来讲，文化工作都由人力资源部门来做，不过很遗憾，大部分公司还没有该部门，即使有，也未必能真正理解其中的门道。所以大部分文化工作还是要运营总监去做。

这要分几个阶段，初期三五人，形成了基本的做事方式，分工能上能下，中期 10~20 人，后期 20~50 人，50 人以上，就是个大问题了，有些团队是直接升级到 50 人以上的，那就很头疼，发展太快，灵魂跟不上了。

文化会体现在具体落地的每一件事情上，比如团队文化、管理文化、战略文化，再比如产品文化、设计文化、服务文化、营销文化、渠道文化，甚至是数据文化和系统文化。越是虚的事情，越是看不见的事情，越是体现在这些具体的事情当中。就像一个人的基因或者性格，会体现在很多行为当中、语言当中、待人接物中，所以大家会说性格决定命运，这些都是这个本源。

作为电商老板、运营总监，多从文化思维的角度思考问题是非常重要的。需要养成文化思维方式，面对问题的时候能够多一个维度进行思考。

文化的事情讲了这么多，其实还是没有讲清楚。原因在于我还没有真正修炼到位，其实即使修炼到位也讲不清楚。文化是最虚的东西，也是最重要的东西。看到这里，如果大家能够对以前的一些行为方式有所感悟、有所触动，也就可以了，这比那些所谓的成功学心灵鸡汤好多了，大家各自修炼吧。

马云说未来 30 年才是关键，电商也才刚刚开始。特别是他一直在强调的 DT 时代的到来，我对此深信不疑。我们存在于这个世界上的状态将变得多元化，物质生活是一种状态，数据呈现将是另外一种状态。

所以说机会永远存在，难的是你是否已经准备好了一颗愿意慢慢长大成树的种子。

2

战略并没有那么高深

对于一艘没有方向的船来说，任何风都不是顺风。

——《格言》

其实通往成功的路上并不拥堵，因为大部分人都还在侥幸心理的怀里做梦。

——金牛城

什么是电商战略思考

第 1 章讲了电商文化，第 2 章就要讲讲电商战略了，因为什么样的文化就有什么样的战略选择，什么样的基因导致什么样的成长，DNA 决定着我们这种高等生物的终极长相，什么样的土壤就会长出什么样的果子。

我们无论在生活上还是在商业上的行为，本质上都是各种选择的综合体，这些选择或者决策有些是有方法论依据的，但是具体到环境里面选什么，还要加上文化因素。就拿个人选择来说，有些人赌徒心理很大，对于那些风险极大、收益极大的事情就特别来劲；而有些人相对保守，不容许有太大的风险。怎么选、怎么决策是有方法可以学习的，但选什么没办法学。

对于什么是战略，有很多不同的解答，我个人非常喜欢用《孙子兵法》中所说的“计”的意思来表达战略和理解战略。我认为大部分人可能都误读了《孙子兵法》，或者说从一开始就误读了。对于书里面提到最多的“计”，第一篇就是始计篇“故经之以五事，校之以计”，这个“计”的意思，不是指计谋，不是指诡计，更不是指算计，而是指计算，是思考盘算，是演练，或者叫沙盘演练。要做一件事情，从起心动念开始，先思考一遍，演化一遍，按照双方的实力数据对比，思考双方如何投入，如何产出，做到每一步心里有数，知道自己目前处在什么位置，要达到什么位置。我认为这恰恰是对战略的最好理解。很多人做决策或选择事情，包括电商创业者，是没有“计算”这一步的，常常一猛子扎进去，然后就在做白日梦，想着每天哗哗地赚钱。这个我称之为一种摇奖的思维方式，也就是我们常说的事情想得不够深、不够透彻。就好像多人打斗地主，牌拿起来，想都不想自己有什么牌，对手还有什么牌，怎么出牌，如何让自己快速跑完等。不思考，就没有“计”这个功夫。

电商创业第一条，就是要先“计”一下。作为老板、电商运营总监，如果没有这种战略意识，绝对是不合格的。

本书里面讲的电商创业，都是目前主流的平台类电商创业，主要以淘宝、天猫为代表。这种平台类电商创业的模式，本质上就是流量竞争，在平台的既定规则下进行合理的竞争。注意“合理”二字，也就是既要遵循最基本的现实法律，也要遵守平台游戏规则，这个规则包括成文规则和不成文规则，而往往不成文规则才是平台胜出的关键。在这个流量竞争的平台类电商创业时代，我比较推崇《孙子兵法》，这也是我推荐给大家的第一本书，可以这么说，这本书是流量竞争时代战略思考最好的教科书，大家一定要好好研究一下，有时间可以加我微信一起探讨。

回到战略上来，第一要素是思考如何活下来，也就是在平台类电商中，这个生意我们怎么做才能够持续地玩下去。很多人搞反了，一开始不是思考如何活，而是思考如何赚大钱，这就是我所说的没有“计”一下。

首先你要回答自己，你的终点在哪里这个问题。作为老板或者运营总监大部分时间都需要思考这个问题。后面我会一一分析不同的终点格局。

总结：所谓的战略问题，简单地讲，就是以终点为起点，然后精心进行沙盘演练、比对、计算，而后形成决策或选择的整个过程状态。我认为战略是一种状态，是一种对于未来的认知。没有一劳永逸的战略规划，没有完美的路线图，而是选定一个目标，然后不断尝试、不断修正、不断逼近这个目标。有兴趣的读者可以阅读《精益创业》这本书，里面的核心思想就是这个，我认为这才是目前创业思想里最靠谱的战略指导书。而我们常常所说的战术，就是战略细分到各个阶段、各个步骤，以及各种具体的尝试，具体的局部的、短期的目标实现过程就是战术，所以分清楚什么是战术、什么是战略很重要。

现在流行一句很伤人的话，就是说你是一个战术上很勤奋，但战略上很懒惰的人。我常常问很多电商团队负责人，其大部分时间都花在什么地方，有的说在招聘上，有的说在交流上，有的说在数据上，有的居然说在做图片上或在广告投放上。我承认这些事情都重要，但对于团队一把手来说，或者对于目前主流的电商运营总监来说，一定要多花时间思考自己目前在什么地方、自己要去哪里、怎么去等问题，这些问题听起来非常虚，但这些恰恰是一个电商运营总监或者一个团队负责人最核心的工作，没有之一。

战略思考，有几个禁忌。首先，战略问题切忌团队讨论，除非你足够牛，牛到能够把控住，能够将所有参与讨论者引导到你想要的方向上；否则，还不如不讨论为好。唐僧不会说我们商量一下要不要去西天，商量一下从哪个方向走靠谱一点；刘备也不会讨论我们要不要匡扶汉室，这些问题领导人问问初心，想清楚就好。所以你也不用讨论，究竟要定位做什么类目、选择什么人群、做什么风格、选择什么单价、有多少毛利空间、今年定多少销售目标等，这些选择其实没有对错，只有是否适合当下的你、是否最优。因此不讨论不等于独裁，不等于拍脑袋，不等于不用计算。

其次，战术问题是必须要进行讨论的，或者叫阶段性战略，讨论越充分大家理解越透彻，越容易执行。比如隆中对，就是一次有步骤性的沙盘演练，但中间还是有意外，比如失去了荆州，关键点没得到，最后这个走不顺，那个也走不顺，因此诸葛亮后来就非常痛苦，但战略方向一直没有变过。哎，这个真的令我们非常痛心，更何况主事人。

回到电商上，比如如何突破单次淘抢购活动 2000 单，如何保证爆款转化率超过行业平均水平，如何降低退款纠纷率，如何提高客服询单转化等，这些都是具体的战术问题，你可以不会，可以不专业，但你要明白只要这个地方有这样一个人可以解决就 OK 了，当下可以没有，未来一定要有。

讲了这么多，其实战略就是一种计算之后的选择，是一种方向感，是一种以终点作为起点的思维方式，是一种在特定时间周期内或长期的投入产出方式，它在电商领域的应用，就是电商战略。

我希望你能够有自己的战略思考，而不是被我带到一个地方。

想清楚你的终点

电商战略，首先要思考你想去的地方，也就是你想做什么样的生意。有人说，不对吧，我们应该先想想自己有什么资源，然后再思考要去哪里吧。这个思路我称之为框定思维，也就是老给自己设个限，认为自己只能做这个，因为自己只有这些东西。如果这样的话，那么婴儿永远只能喝奶，因为其生下来只会喝奶，永远只会哭，因为只有这些技能是天生的。事实上不是这样的。从理论上说，只要是其他人能做的事情，婴儿将来都可以做，只要是商业上存在的东西，我们也都可以做，甚至还能够做得更好。那么你应该先思考终点，还是思考有什么条件，这一点先想清楚。

按照终点格局，可以将做开店类电商的人分成几类，如做一门生意、创一个品牌、只是为了赚钱养家糊口、兼职好玩而已。作为电商职业负责人或者老板，都有可能是终点，有人会怀着实现某种梦想而来，这个更美好一点，但你要相信，大部分人在没有实现财务自由之前，都是混合而成的，只不过是看哪个终点格局的比例高一点而已。很多成功的电商人，经常会提醒大家要想清楚做电商的目的是什么、为什么要淘宝创业等问题，就好像“中国好声音”中汪峰老问你的梦想是什么。其实就是初心，也就是你要达到的终点格局。之前各种的不顺利、痛苦，会不会是因为与初心有偏差了？这个思考很重要。

不同的人其阶段性目标不一样，选择的终点也不一样，所以模仿别人的终局是最没有用的。同时商业越来越多元化，越个性的终点，越有生存空间。以淘宝为代表的开店类电商发展到今天，那种小概率的事件或者投机机会已经越来越少了。上一章中我们讲到，有些淘品牌把赚快钱作为目标，所以出现了所谓的驻杭办，这些公司现在基本都混得不怎么好，根本性问题是他们没有想清楚自己的终局，只是把电商创业当成一种投机生意而已，只是表面上涂上很多高大上的品牌理念而已，其实还不如沙县小吃的夫妻店有理想。

这也是我为何把战略放在文化之后来讲的原因，选择一定是和本性相关的，一定是和基因有很重要的关系的，本性不同，你要到达的地方也不同，所以首先要清楚自己是一个什么样的人，而后才考虑想要到什么地方去。

从某种意义上说，战略没有对错之分，比如是要赚钱，还是要创造一个伟大的电商行业品牌等，没有对错，所以针对战略的具体问题或讨论方向是最无聊的事情。我们常常说选择大于努力，选择不对努力白费。这并不是说战略的好坏、对错，而是说你没有找到属于自己的方向，没有长时间的积累和积淀，没有找到自己的终点归宿。比如你现在做袜子类目，做了半年不行，又做杯子，看着食品行业好又开始做食品，最后什么都没有做好。有时候太多的选择才是失败的根源，所以破釜沉舟才能成为经典。我记得很多年前，那个时候我还是个淘宝小二，看到一个著名的女装淘品牌，他们居然开始做女鞋了。于是我就在微博上@了其创始人，我就说像这种多元化，就是没有战略的结果，这和 20 世纪我国家电行业的多元化一样已经被证明是没有前途的。他回应我说，自己如何和别人不同等。现在来看，其女鞋店铺已经关门了，品牌也被别人收购了。我举这个例子不是为了说明自己有多正确、多了不起，再说了，他们套现了不也是一种成功吗？我只是想说，选择这件事情，其实不做什么，比做什么更重要，能够抵住诱惑的还是少数。

每个人的战略思考，都要形成自己的实现路线图，都要有认知、反馈、调整的机会，如果直接一猛子砸进去，最后只会出局，没有玩下一把的机会了，所以我的主张就是要先想好如何收场，知道失败的底线在什么地方，如果这个底线能承受，就去干，然后沿着这个目标，不断地修炼逼进，一定不能停下来。

我以前想不明白，那些有钱人已经很有钱了为何还要那么拼命地工作，我以后只要有房有车，就好好地享受。结果没多久这些目标就实现了，发现又有新的目标，两个小孩要养，喜欢的书要看，想去的地方还没有去，曾经的理想开始丰满了，人生不能停下来，企业也不能停下来，唯一能停下来的时候就是我们躺下时，就是企业破产时。我们只要活着，就只能不断地前进、不断地调整、不断地提高，没办法回避，作为电商负责人或者总监制定的目标，千万不能今年是这个目标，明年还是这个目标，必须要有计划地逐步提高去匹配、提升，这才是一个称职的负责人，否则还是早点回家抱孩子去吧。

对于电商创业，大家的眼睛都盯着销售额看，其实销售额只是一个结果，你要透过这个结果看到实现销售额的过程，而这个过程就是所有实的事情和虚的事情，做到位了、提升了、时机对了，销售额自然就起来了；否则又要靠那些奇技淫巧，或者又把自己当作神，把别人也当作神，本质上是我们人性上的侥幸心理在作怪，不愿意去做长远的事情，而都挤在短平快的层面上。其实通往成功的路上并不拥堵，因为大部分人都在侥幸心理的怀里做梦。这句话可以作为我的原创，因为我改了重点的后半句。

大部分电商人不愿意看内功书、思考书，比如本书，说了也没人愿意听，更别说去认真做了。一方面是因为这些东西见效慢；另一方面就是有希望一夜暴富的侥幸心理，所以他们热衷于看 7 天上首页、30 天打爆店铺等各种技巧，认识各种电商神人，了解各种各样的爆款玩法，模仿别人的产品，拷贝别人的页面，挖其他团队的墙角等，这些状况只能说明我们的竞争层次还很低。

高层次的竞争其实已经到来，思路决定出路，“一两”智慧胜过“十吨”辛苦，选择大于努力，这些都说明战略思考的竞争力越来越强。这个东西没法教，只能靠自己悟，好比书法，只能不断地练习，才能形成自己的思考风格。正如书法家郑板桥的亲爱老婆讲的，很到位，你有你的体，我有我的体，何必在我的体上练你的体呢？（关于这个典故，有兴趣的读者可以问一下“度娘”）

如何思考电商战略

回到电商战略思考上来，在文化章节中讲了三类不同的电商公司，还有一类是传统的纯线下企业，包括品牌企业和工厂企业，这四类电商公司的方向都不一样。

我们先来看工厂类企业，其供应链体系最健全，无论这个商业世界如何变换，都需要供应链体系和基础，该资源在很大程度上也是稀缺资源，优秀的工厂资源产能其实也就这么多，具有一定的稀缺性，只是这种稀缺性的制造能力可能不完全由工厂决定。所以工厂类传统企业转型做电商，一种是建自有品牌涉足电商，直接面对竞争；而另一种我认为更靠谱的方式就是走专业路线，提高标准和要求，成为某一细分的制造领域最专业的制造工厂，比如专门做纽扣、专门做 USB 接口等，这是一条很好的出路。如果真的擅长产品开发、擅长做工厂，那么转型之路有多条，可以把自己定位为电商企业做代工，利用各种快速反应的电商团队，努力配合支持完善其供应链体系，自己不断地提高工厂能力，成为其离不开的合作伙伴。而自己内部可以成立电商子公司先养着，慢慢积累电商经验，不过一定要任其独立发展，自负盈亏，能做大最好，不能做起来也无妨，就当作投资和试错了。当然，这些都是我个人的观点。也有工厂成功的案例，大家可以学习一下威露士这个品牌，它之前就是专业给宝洁做代工的，目前来看，还在朝着自有品牌健康发展着，我深深地祝福它，希望能给广大代工厂树立一个好榜样。

大部分这类代工厂尤其是中大型工厂，怕就怕没想清楚，然后全公司一会儿转型全面拥抱电商，一会儿想这样，一会儿又想那样，失去了理智，既不在制造上下功夫，也不知道如何提升电商的各个模块，每次讨论的不是业绩就是各种细枝末节的具体订单和乱成粥的价格体系、流程等，变成了四不像。这样的工厂转型就在这种没有方向的内耗中渐渐玩完了。这就是没有电商战略而把员工的资源乱放导致的结果，最后电商没做起来就怪人没找好，其实等于是用机票的价格，从黄牛手上买了一张绿皮火车站票，这简直就是暴殄天物。最恨的是，大部分老板还觉得是员工不努力，天天偷懒，不好好上班导致的，结果只能是贻笑大方了。

还有一种传统企业，就是所谓的线下品牌企业，其老板是占了渠道红利和传播红利的一代人，那个时候生意好做，电视广告一打，店铺一开，咔咔赚钱。我见过这种老板，线下销售额都在 20 亿元以上（电商老板们，你们有目标了吧，没到这个数，以后少说自己是大卖家）。虽然行业不同，但是都表达同一个意思，就是以前生意好做，现在线下生意难做了，希望转型做电商，看有什么好方法。其实真没有什么好方法，有的方法适合别人但不一定适合自己，关键还是看自己想做成什么样，想清楚自己的目标和初心。我见过一些大品牌虽然已经在线上做得很大，线上销售额很大，但是毛利越来越低，价格战越打越厉害（在后面营销章节中还会展开介绍），我不知道他们有没有想过出路，我是看不到他们的出路。还有少数奇怪的品牌，开始做品牌授权，价格越搞越低，品牌越来越烂。很少有摆正心态的，从零开始，种一个新种子，长在原来的基础上，用新的思路解决线上发展的所有问题，而不是用以前的思路和资源。这样的起点往往是最高的，最容易成功，可是很多品牌手里握着金矿，却学着别人去挖煤，这不是搞笑吗？

对于没有任何线下背景的纯电商类公司，其思考的方向差别应该不是很大。终极目标就是在某个品类里面建立一个或多个品牌，如果你有能力，建立多个品类的多个品牌也可以，准确地说，就是用电商平台和各种互联网基础设施建立一个零售品牌。如果你认同这个终局，那么你要做的就只有两件事情：一是提升商业效率，也就是不该花钱的地方少花钱，最好不花钱，学习的楷模就是沃尔玛、7-11 便利店等，它们就是提升商业效率的最典范公司；二是提升附加值，能多赚一点就多赚一点，这个参考宝洁、联合利华等。从这个维度上思考，你要修炼什么、放弃什么、专注什么，已经非常清晰了，那么，现在你知道自己的团队应该去挖什么样的人，以及去哪里挖人了吧？

细说一下，商业效率的提升依靠的是用更少的成本做更多的事情，减少不必要的开销，这就需要很多的修炼功夫。对于大部分电商公司来说，光仓库管理一项都够呛，ERP 系统上的库存和实际库存永远差很多。所以自己做不好的，还是外包让更专业的人做吧，上了规模用入仓分仓模式最合适了，把自己不专业的外包给专业的公司，这也是提升效率最直接的一种方法。电商，其实说简单也简单，总提及的业务模块也就那几项，难就难在如何提升专业度，能够让每一个模块都练成“精”，模块之间又能高效运转。入门和高手之间的差距，就像别人常常会指着我们说，“唉，你不就是个做淘宝的吗？你们做淘宝的很简单嘛！”我忍不住想说，“你才是做淘宝的呢！你全家都是做淘宝的！”

再来说另一个维度，如何提升附加值，也就是所谓的溢价。这和如何提高客单价完全不一样。提高附加值，是从提高单品毛利额的角度来讲的，也就是能比同类产品卖得更贵，而提高客单价只是如何让客户多花钱而已。对于电商来说，提高附加值的方法，就是四个维度：一是视觉；二是广义的产品；三是广义的服务；四是互动。下面分别解释一下这四个维度。

视觉不用说，好页面、漂亮页面、精致页面比差页面卖得贵。这就像线下门店装修好的可以卖得贵，装修不好的卖得不贵一样。在视觉章节中，我还会给大家继续展开介绍。所谓广义的产品，也就是包括包装、工业设计、产品功能、产品使用价值、产品品相和品质等。所谓广义的服务，也就是售前、售后、后续服务等，比如拥有专业的售前可以比不专业的售前卖得贵，这就是销售力。互动，就是商家与客户之间的连接或联系，比如你的产品是客户记忆中以前小时候用过的等情感上的连接，就可以卖得贵，或者是因为信任，这种互动性是最难的。当然，一旦建立起良性互动，基本就很难断掉了。从某种意义上说，目前的社群经济就是在尝试建立这种互动关系。

从这四个维度来说，大部分纯电商公司的业务逻辑就非常简单了。看下面的图，总的来说，电商骨架就是产品、视觉和服务，这是直接面对客户的内容，底部的基础设施基本大的生态平台在服务大家，我们只需要学会如何使用好这些基础设施就行。

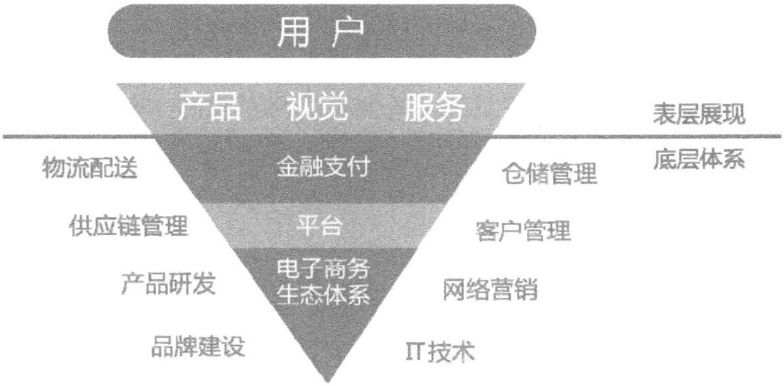

主线是目标，建立一个长久、健康的类目零售品牌。接着是两个维度的修炼，即如何提高商业效率，以及如何提高附加值。

阿里的战略大咖曾鸣认为，企业的中高层都需要有战略思考意识，在业务条件下不断去思考、修炼，心量慢慢就会放大，最后就达到“治大国如烹小鲜”境界了。做菜就是一个最不起眼，但最实际的战略过程，下面我们来分析一下这是不是一个道理。

首先要知道做什么菜，这是前提，这个前提会有很多约束，也就是边界条件。比如做时令菜，必须要在当下时节才能做吧，然后是准备食材，比如买什么、做多少量、几个人吃、吃几顿、什么口味都要搞清楚，做时还要知道放食材的顺序，以及什么时候放、火要多大、煮多久，什么时候上菜温度刚刚好、口感刚刚好，调料要放什么、放多少等。想想大厨做菜有没有这些思考过程，一定都有的，只是已经变成了艺术、变成了一种潜意识而已。对于家里面经常做菜的人来说，吃完之后，还会想整个过程，口味不好是哪里出现了问题，是顺序不对还是量太多了，下次可以改进，这就是经验。所以战略思考可以通过练习来提高，这就是工匠、技能的部分。

其实战略更多的是表达你的思考，通常你是怎么想的，你就会得到什么，所谓心中有佛，所见皆佛。

如何实现电商战略

关于电商战略的实现，这里只谈纯电商企业，因为其他两类传统企业谈了也没什么用，等其慢慢醒来吧。所以这部分内容主要是写给纯电商企业的。

在我看来，要实现电商战略，就要有几个实际的节点思考，这些思考要不断地去深化和逼近。所以说战略是一种状态，是一种方向感，要获得这种方向感，就要经常训练自己。就像虽然我们开车要用导航，但还是要练习认路和方向感，否则没有了导航就会变成路痴，即使知道要去哪里，也没办法到达。电商战略就是自己的导航。

首先是关于终极的设想，自己想要成为男装中的苹果，想要成为某某界中的某某，或者成为全中国最大的什么企业，这种终极设想是一个电商公司的大目标，罗马不是一天建成的，北京的雾霾也不是一天造成的。所以多给自己一些看起来不靠谱的大目标吧，尤其是中型电商企业。这些目标没有对错，但必须要坚信，必须要不断地使实现的路径清晰起来，这就难了。

我常常被问道：如何在没人、没钱、没资源的情况下开始电商创业？其实大部分电商创业者都是这么启动的。

首先要有清晰的定位，那什么是定位？简单来说，就是你选择什么样的人群作为自己的客户，以及提供什么样的服务，把一个不确定的大问题，变成一个封闭的有解的具体问题进行思考，我认为这就是定位思维。只有在这个维度下，你才能看清楚谁是竞争对手，团队也能看清楚。但这个条件是不断变化的，因为环境在变，你在变，对手也在变，我们不是在玩静止的俄罗斯方块，而是动态版俄罗斯方块，如果没有解决当下问题，可能根本没有机会等来自己想要的就玩完了。

玩好这个游戏的第一步就是确保如何长期地活下去，这个问题的优先级要排在所有决策之上。然后才是各种测算和技巧、各种挑战、各种问题的解决，大部分公司在这个阶段已经被 OUT 了，还剩下一部分公司在挣扎着活着，其中只有一小部分公司能够活得很好，进入下一个阶段。很多人不理解，马云说的一句话可以解释，今天很残酷，明天更残酷，后天很美好，而绝大部分人死在了明天晚上，看不见后天的太阳。这是最好的注解了。

第二步，活好了才有机会修炼技能，抓住某一次机会，然后上位。所谓抓住机会，就是我们常常讲的弯道超车。首先是你得有这个本事可以超车，其次才是准确地找到那个所谓的弯道，最后就是超车之后你的策略，要从跟随变成领跑，这个难度是相当大的。有部电影叫《破风者》，讲的就是自行车赛车手的竞争，前面领骑的就是破风者，体力消耗是非常大的。以前不知道骑自行车还有这么多道道，建议大家也看一下，不懂策略的选手一上来就冲在最前面往往是炮灰，尤其是顶级的比赛，选手之间的体能素质差距其实是很小的，关键就是策略和配合，还有一点点运气。

淘品牌也是借力淘宝，抓住了红利，实现弯道超车，但是很多品牌企业没有把这个时间差利用好，当年淘宝上遍地都是淘品牌，那个时候大家都活得非常滋润。好了之后，就从来没想过超车问题，有些是不知道如何超车，有些是时机太短，有些是没有能力超车，有些是超过了之后，突然变成了领跑，不知道如何去跑了。目前只有少数几个淘品牌存活得很好，它们就是利用了时间差，顺利修炼技能，然后超车，超车之后还能改变策略继续领跑。

第三步，超车以后综合、全面地看看自己各个维度的数据，真实地认识自己和对手，在什么地方要领跑，什么地方还很薄弱，重新来看自己和战略目标之间的距离，以及和竞争对手之间的差距在什么地方，或者重新思考竞争对手，可能对手也要换了。然后选择一个维度，集中所有力量去突破、打深、打透，接下来再看看还有哪些维度可以挖掘、去做、打透。这样一步步才能不断逼近终极目标。

这样三步分析下来就会明白，战略思考是一种认知，而战略实现是建立在这种认知之上的演练，这些调度都有一个个大的阶段性目标，当然所有的事情肯定都要为终极目标服务。

关于草根逆袭事件

我们通常会看到很多草根逆袭的故事，最典型的就是马云了，但你要学习的不是他的经历，比如他找了 18 个合伙人，你也要 18 个人，这是没有意义的。你要学习的是他在初期的痛苦、他经历的思考，不断学习提升的动力，不断获得新的认知，不断设计新的思维和思路，这就是他所做的大量工作产生的条件，在一定程度上这就是我们最重要的思考和学习的内容。

现在是移动互联时代，大量媒体喜欢宣传的传奇故事其实都是些小概率事件，因为他们都是在各自领域中通过自然机制筛选出来的，可以说就是斗兽场里面的最后胜利者，好比是世界杯决赛的冠军。这个结果有实力、有方法，但也有偶然因素，有筛选机制。所以作为现存的成功者，要明白学习他们的什么东西，是学习他们经历的痛苦、完成的思考、形成的认知、犯过的错误、竞争的方式、战略的思考等。

但大部分人宁愿相信他们神机妙算、奇技淫巧、风花雪月、故事连篇，从这个角度来讲，我是不太愿意参加各种所谓的干货分享会的，因为大部分人都是抱着要学到技巧用在自己的店铺中，然后马上就可以有效果，马上就走上人生巅峰，赢取“白富美”的心态去的。殊不知，这些都是要靠长时间修炼的。记住，凡是你参加一次培训就能学会的技巧，绝对不是你的核心竞争力；凡是宣传电商速成法的，都是一种广告手法而已，并没有任何作用。

中国人是世界上最聪明的人种，没有之一，所以在中国，聪明人真的太多了，大家都喜欢走捷径，而且擅长走捷径。然而真正的战略、有效的布局，看上去都是平淡无奇、没有故事的，有的也是大量失败的故事、犯过的错、走过的弯路，这些财富比起得到钱财来说重要太多了。《孙子兵法》中说“善战者，无智名，无勇功”，就是讲真正的牛将都是平淡无奇、没有故事的，但能有效解决问题。比如曾国藩平定太平天国之乱，就是用平淡的甚至是乏味的“呆仗”解决的，没有什么精彩的战例，具体过程推荐大家读《战天京》这本书来了解。而历史上记录下来的名将的精彩战例，一是经过加工渲染的，二是小概率事件，几千年历史记录，积累的小概率事件当然很多，想想中国现代商业史虽然才三十几年，但媒体也积累了超级多的创富神话，都是小概率事件而已，比如马云的成功等。作为专业的电商人，重点要学的是里面的门道，而不是停留在看故事、看新奇、看神话层面，更不是学习神话，梦想变成神话，那就真的二了。

所以请大家务必想清楚自己的理想、梦想和幻想，它们之间究竟有什么区别？草根逆袭是一种美好的愿望，但我们要清醒地意识到，自己走的路，不是通过运气，而是通过选择、通过反思，不断进步和提升出来的。

电商战略的敬畏心和气魄

战略是文化的衍生，是受到文化最直接影响的。敬畏心和气魄其实更多地体现在文化层面，我们往往在做战略的时候会把自己当作神，有些老板或运营总监，听多了马云的演讲就轻飘飘了，真以为自己是传统企业的杀手，能够改朝换代，“一朝天子一朝臣”，“王侯将相宁有种乎？”也该轮到电商企业各领风骚了。王侯确实是没有种的，你看古来开国皇帝很多都是泥腿子出生，但将相是有种的，这就是由基因决定的。很多卖家，一看过去一年搞 2 亿元非常轻松，传统生意一年也就 20 亿元，觉得过不了几年自己很容易就可以超越他们。

这就是想法和思路带来的问题，你的资源在什么地方、在什么地方用力、心量在什么地方，就体现出来不同的结局了。我们事后诸葛亮来说，那些经常上聚划算的店铺或品牌，如今安在？拥有一颗敬畏之心，是定好战略的条件之一，重要的事情往往不在纸上，也不在言语中，看到的都是皮相、肉相，看不见的是心量，不动如山。有了敬畏心之后，时间长了就有了气魄，就是那种傻傻的坚持，认定自己的判断。

有了敬畏心和气魄，其实战略都不用学习了。如果真的要学习，也是学习理论上的，一般分成三个维度：科学、艺术和手工。我们学习大部分都是在学科学维度，作为科学部分也就是理论层面的体系和内容往往是滞后的，比如 SWOT 分析法、波特五力分析、战略管理理论等，大都晦涩，这些其实不应该先学。我打个不恰当的比方，我们以前学英语，都是先花大量时间学语法、背单词，但一个班真正英语好的没几个人。你看看马云是怎么学英语的，他是在杭州西湖边和老外说了 8 年英语，练出来的。其实语言这玩意，就是要先能用，先和人说、听；反过来，如果先学语法，那就学残了。战略也一样，后面讲的管理、营销也一样，还没开始做先学一通理论，往往会被搞残，这就是马云所说的大部分商学院 MBA 毕业生不靠谱的原因，我理解问题就出在这里。我在大学期间看了很多德鲁克的书，因为没做过管理工作，书里的理论理解不了，带团队之后，回头再看那些书，惊叹，原来我现在碰到的大部分问题，老人家早就总结在那里了，只是我以前没有体会到而已。所以我的建议是先做这方面的工作，找感觉，做一段学习一段，再做一段，再学习一段，循序渐进，这就是王阳明所提倡的“知行合一”。

艺术维度，其实就是天赋问题，有的人从小就练就了童子神功，还有我多次提到的经历的叠加和感悟，这没办法复制和拷贝，也基本没办法通过语言描述清楚。就像是韩都衣舍、茵曼等，其创始人就算手把手教你，你也未必搞得起来。这个部分我也分享不了，艺术只能靠自己练和悟了，更多的是爸妈给的，要么是先天生的，要么是后天逼出来的。

最后一个是手工维度，也就是我们现在说的工匠精神，工匠手工其实是做一件事情的方法论，要依靠一些固定的流程和工具。比如战略实现路径，你能创造适合当前或未来业务的几个重要的概念支撑点；再比如要有使命、价值观、愿景，这是制定战略的三大基石，这就使战略丰满起来。说白了，手工维度就是大家总结的方法和手艺。

系统的战略思维

下面我们扩大一下概念看看战略思考，或者叫战略思维能力。

战略思维最重要的就是远见，有前瞻性，能够预测趋势。比如你能看得到淘宝发展方向、天猫发展方向、未来趋势，一定要符合这个趋势进行相应的调整。比如 2008 年时，如果你判断出阿里集团对天猫的支持力度，那个时候就要从集市店迁移过来。再比如刷单，天猫一定会打击。为什么打击？因为害处大于利益，不光是广告系统，其实破坏的是天猫的底层逻辑。而天猫其实允许有朋友购买，刷几笔真人的完全不会有问题，其反对的是工业化大规模刷单，不光是赚钱的事情，还会破坏数据体系。对于刷单的卖家，看看其店铺的用户画像就知道了，这就是为什么千人千面、店铺越刷流量越少的缘故。所以你要明白有些技巧只是一时的，大的趋势和方向要预测准确，千万不能把刷单变成核心战略。

战略思考还包括什么时候停下来等待，比如团队发展太快要停下来修整，扩张太快要调整，人才跟不上要停下来，要经过走走停停。《大学》里面有一句话——知止而后有定，定而后能静，静而后能安，安而后能虑，虑而后能得。讲得太好了，据说“知止”两个字的横幅在李嘉诚的办公室里。不能等待，沉不住气，耐不住寂寞，挡不住诱惑，这些往往是企业领袖最难克服的，所以需要修炼。

在战略规划和战略思考时，越能基于真实情况，越能认知当下及自己的角色，拨开内心的各种欲望情绪，真正看清，形成自己的判断。但前提是有敬畏心、知止、对行业的远见判断。

战略实施的具体路径

接下来是具体的路径，到底是取势还是取实，抑或是落地成大格局战略是一个动态平衡，讲究度，资源就这么多，怎么安排、怎么考虑，这就是手工部分，很多人没有仔细研究过《孙子兵法》（再次推荐），以正合，以奇胜。比如究竟什么时候扩充类目、扩充品牌、扩充店铺，是纵向一体化还是横向一体化，用什么资源调整等。一个经典的案例就是你怎么看联想做手机，之前联想卖了手机部门，最后又买回来手机部门，请大家分析一下，看看能否了解到联想当时的战略思考。

所以在头脑发热、扩张时要积极地构建自己的想法，要有最坏的打算，然后再去开拓。在某种狂躁情绪下会犯错，有些电商不是做不起来死的，而是做起来之后想法太多被搞死的。

在一个相对开放的格局中，找到一个点、一个突破口，把一个很大的问题细分成具体的小问题。比如从年销售额突破 1000 万元切换到如何提高客服询单转化率，如何提升爆款的搜索点击率，如何排到前 5 名，如何卖出 1 万床被子，如何一年卖出 10 万件衬衫，如何第一年积累 1 万个客户，发展 1000 个老顾客，这些就是具体的问题。这些点汇聚起来，就是战略大目标了。

通常，最不合理的目标就是今年 2000 万元、3 亿元，这些目标都是没有感觉的，因为着力点太多，往往团队也做不出成就感来。你看看，销售额 2000 万元，和积累 1 万个目标客户或卖出 10 万件衬衫，哪个目标更细化、更可以沟通和执行呢？

从道理上说，战略就是你决定该做什么，不该做什么，有所为，有所不为。简单总结起来，就是你想做什么事情，你想把事情做成什么样，你的目标和理想是什么，有什么机会可以把握，什么东西你可以做，你能做要具备什么样的能力。无论是资源整合能力、整合人的能力还是组织建设能力，目前的差距在什么地方？通过什么修炼，需要花多少时间……所有这些汇聚成一个小小点，就是你想做、可做、能做的焦点部分，这才是真正意义上的战略。

怎么解释呢？想做，我们强调初心，很多事情不是你想的那样，心里想做的是这个事情，后面想的是另外的事情，这就是一个非常严重的问题。可做，就是很多可能性你要刨除，这时主要做减法，这就是对机会成本的判断，这么多电商类目，可以做男装，也可以做女装，童装、亲子装也行，只能先选择一个做就是做减法。能做，才是我们的能力。这三个方面是动态统一的。能力的建设，包括老板、运营总监的能力，也包括团队、组织的能力，没有人天生就什么都会，只是有的人快一些，有的人慢一些而已，所以竞争的真正本质就是相对竞争力、核心竞争力或者长处。这里所说的长处是你同竞争对手比较之后的长处，这才是你的核心竞争力，随着时间的推移还会发生变化。有些公司通过高薪挖人就是用金钱换时间，有些企业选择自己培养人才，时间就要浪费，很多老板容易走两个极端：一是想到什么都挖人；二是觉得用高薪人才不划算。其实薪酬的高低，在很大程度上和你要办的事情成正比，和着急程度也成正比。

历史上有一个战略思考的牛人，不是诸葛亮，而是宋代的丁谓，他不是在军事领域而是在建筑领域。“丁谓建宫”这个历史典故，见《梦溪笔谈 · 权智》：

> 祥符中（1015年）禁火，时丁晋公主营复宫室，患取土远，公乃令凿通衢取土，不日皆成巨堑，乃决汴水人堑中，引诸道竹木排筏及船运杂材，尽自堑中人至宫门。事毕，却以斥弃瓦砾灰壤实于堑中，复为街衢。一举而三役济，计省费以亿万。

大意是说，宋真宗大中祥符年间，宫里面失火，烧了皇宫。丁谓主持重建需要大量砖块，被路途远所困扰（其实就是成本和时间）。但他想了个办法，命令挖开宫前的大街取土，大街就成了大渠。于是又挖通汴河水引入渠中，各地水运的资材都通过汴河和大渠运至宫门口。重建工作完成后，他又用工程废弃的瓦砾回填入渠中，水渠又变成了街道。这就是战略选择，本书的最后还会给大家讲一个发生在浙江村书记身上的故事。

有人说，你这不是又要让大家采取奇技淫巧了吗？这就是聪明的做法，是最优解，是站在一个更好的整体的角度做项目管理，这也是《孙子兵法》里面所体现出的智力水平。

思考力竞争才是高层次的竞争。

战略是个不断认知的过程

另外补充一下，电商公司发展到当前阶段，已经出现了很多不同的形态，当然也有公司已经变成另外的物种了。一个组织能力的配用，或者一种积累的先发优势一定是要有投入的，你判断出一年、三年以后是这个变化，你就要敢于投入资源，这就是胆量，或者叫胆略，在一定程度上有很大的赌性在里面。

战略思考是持续的、不断递进的，用现在的精益创业的思维来讲叫获得认知，我认为就是这个意思。接下来就是执行，由人来做事情，人的能力、组织的能力就是关键。我们经常讲小步快跑，快速迭代，简单的八个字背后是非常重要的体系。怎样允许犯错，怎样用不完美的方法做事情，然后慢慢修正，最后逼近那个完美的方案。

在战略思考和战略规划中常常有很多误区，有的和定位搞起来了，况且还没有把定位搞明白，有些不是战略问题而是战术问题。柳传志有一个九字真言叫“搭班子，定战略，带团队”，这是联想集团的经验，再加上一个工具“复盘”，就是他们的武器。搭班子是第一位的，就是先人后事，而不是先事后人。有了人，才定战略，然后才是领导管理团队。

关于如何从零开始做电商这个问题，其实没有标准答案，但我一般建议一开始 3~5 个人先做起来，从一家店一个链接开始，慢慢做、慢慢想，人不够了再招，最好是等实在忙不过来时再招人，而不是走一开始定好的模式，比如要 10 个人，运营 1 人、美工 1 人、客服 4 人等，这样做往往失败的居多。一开始做时，一定要让业务带着团队上，业务发展了团队跟不上时，要么学习提升，要么就换更合适的人，所以很多瓶颈都是到了这个层面的事情没想明白。大部分公司招人都是反过来的，比如现在月销售是 100 万元，想请一个牛气的运营总监过来帮助做到 200 万元每个月，这就又回到我们原来讨论的话题了，把人当作神。而正确的思路是业务上去了，很多环节没法匹配相应能力的人，很多人没有达到业务要求，这才去招更高层次的人。最好是在大规模扩大团队的过程中，已经有了完整的细化模块，为了这些具体模块的提高而招人。

有一本书叫《执行》，推荐大家看看，战略执行要思考人和运营之间的关系。本书讲的运营总监的角色是在大运营的角度下，包括所有层面的运营条件，而不是只负责店铺运营一块内容。战略分解落地实际上是战略沟通，如何保障团队明白透彻、理解透彻，如何能够做到组织保障，尽可能让 KPI 反映战略思考，尽可能体现在目标分解上面。

战略思考是一个内化的过程，如何描述自己的战略，如何在团队内分享、与合作伙伴分享，这些就是要点。战略沟通就是如何说服别人，如何调度资源，如上面的资源、下面的资源、合作伙伴的资源等，这些恰恰是执行的关键，也就是推销你的战略。

关于 KPI 的制定和预算问题，公司文化是一个重要的基石，有了这个前提，我们做事情才能超越自己提出很多想法和意见。《赢》中关于预算的内容也就是财务模型的问题，电商人太缺乏这种财务模型思维了，因为我们的目标就是赚钱，有的是短期的，有的是长期的，短长结合，这个财务思维非常重要，不是指专门给你做账避税的那个财务。

战略执行的三层分解过程是从定位到分解成运营模式，再到能够具体衡量的 KPI，这个战略基本上就可以执行了。还有一个关键就是组织保障，就是关于人的部分，这是下一章要讲的。每个公司都声称非常重视人才，那什么是人才呢？能够很好地执行战略的就是人才，同时还要建立好组织保障体系。比如组织结构的调整，需要用什么样的组织匹配哪个阶段的战略，三点一线，组织保障就是那一条贯穿全场的线。很多电商公司都没有组织结构，有的也是从来不改、从来不变的，什么都等老板答复，请问这样的淘品牌怎么会没有天花板呢？

战略落地节奏感

战略落地的三个阶段我再强调一下，第一是尝试阶段，获得一定的方向感之后就马上去做，快速尝试试错，然后认知；第二阶段是磨合成型，收回来，理顺；第三阶段是所有的运营层面清清楚楚，对各层中要做什么、怎么做非常明白。

还举学外语的例子，首先应该是看电影，有字幕的找感觉；然后是收回来系统学，最后是再看电影不用字幕。而我们学英语一上来就搞枯燥的语法，直接挫伤语感，一刀变成了内伤，所以一直学不好，形成了恶性循环。

电商战略，和创立一家公司的情况基本是一样的，我开头讲不要把公司当成淘宝店铺，也不要把淘宝店铺当成公司，就是这个意思，我们的思路是要站在公司运营层面，而不是店铺层面。所以要一把手负责战略，要在运营总监层面不断地思考提升，不断地落地安排，简单来说，没有一把手的重视，没人拍板的事情很容易不了了之，这是公司最忌讳的。

有人说自己看不到 3 年以后怎么样，那要怎么办呢？这时要意识到这个问题，要积极地获得认知、积极地安排，承认自己还没看明白，还不知道发展怎么样，承认自己不懂，这就叫作自知者明。

有一本书叫《基业长青》，书中讲了很多案例，最后总结了怎样才能基业长青，得到了一个玄之又玄的太极图，也就是我们所说的道。所以越是终极的问题，往往就越没法说破，也没法教。基本上所有历史上的宗教到最后都归于统一，根本理念归结到本源殊途同归。正如《第五级经理人》中所说的，我们要永远追求内心的谦卑，修炼到位，才是有能量的。我经常看《易经》《道德经》等，我觉得读读这些书可以非常好地修养身心。

关于战略就讲到这里，现在来梳理一下。战略思维、战略思考或战略规划都是有一定的方法的，关键是要多练习决策，三个层次加上组织保障。电商战略看起来普通不起眼的才是真正技术含量高的，是人格、是智慧、是汗水、是经历、是时间、是积累、是失败，通过这些所获得的价值远远超出想象。

战略有文化战略、组织战略、营销战略、产品战略、服务战略等，理解到位，就一通百通了。这就是一种强大的思考力。

电商，就是人商

没有小角色，只有小演员。

——斯坦尼斯拉夫斯基《演员自我修养》

不要用兄弟的情义去追求共同的利益，要用共同的利益去追求兄弟的情义。

——电影《中国合伙人》

办公司就是办人，人才是利润最高的“商品”，能够经营好人才的企业才是最终的赢家。

——柳传志

一个不成熟男人的标志是他愿意为某种事业英勇地死去，一个成熟男人的标志是他愿意为某种事业卑贱地活着。

——罗姆·大卫·塞林格《麦田守望者》

什么是电商的核心

做了将近十年的电商，这个行业已经开始被人叫作传统电商了，可我们很多人还没有搞清楚什么是电商，就已经成为传统行业了。只能说，这个时代真的是变化太快、太有意思了。

传统电商像是过去式，已经成为一个历史时代，我认为 2016 年就是分水岭。无论接下来叫什么名字的新电商、新事物，我想本质上都是一样的。

电商的核心是什么？这个问题很难有标准答案，甚至很多答案是相反的，大家都是极其模糊地摸着石头过河。既然创业包括电商创业，那么如果回到创业的本源，我认为电商的核心其实无关电子，也无关商务，本质上都是一种商业运作，而商业运作最关键的因素当然就是人了！

“电子商务”这个概念，从广义的角度来讲其实非常广，全世界最大的电子商务公司就是沃尔玛。为何这么说呢？你看沃尔玛所有门店背后都是系统，其超市里面的货其实都是商家垫钱的，运营模式和京东一模一样，后台中央仓储数据系统、财务系统一应俱全，只不过其所有流量来源于看得见的门店而已，后面我们讲营销的时候还会具体来解释和分析。而从狭义的角度来说，就是开个淘宝店、搞微商、跨境等，也就是所有线上交易的都叫电子商务。

我的理解是，**电子商务是一种能够提高流量变现能力的零售业态**。这里解释一下，零售生意一般就是对两个维度的修炼：一是获得流量；二是流量变现。无论何种零售形态，都是在这两个维度中拓展的。传统零售在大型商超出现之前，其变现效率都非常低，比如家门前的小店，人流基本就是周围的居民，产品主要以日用品为主，可以说每年的营业额不会差太多。有人通过商业模式创新，出现了一种大型的商超模式，这种新的零售业态的出现就完全改变了之前小店的状态。人流聚集，产生了规模效益，产品也可以做到极其丰富，变现能力大大提升，这就是一种提高流量变现能力的零售新业态。所以广义的电子商务，应该把这种大型的商超包括进去。

按照这个概念逻辑，是不是可以这样理解：沃尔玛就是最大的 B2C 电子商务公司，优衣库就是最大的服装 B2C 电子商务公司，KFC 就是最大的食品 B2C 电子商务公司。基于这样的概念和认知，你才能够真正理解电商背后最重要的东西究竟是什么。

正如本书自序中所明确的，书中所讲的电商仅仅是指开店类电子商务，尤其是以阿里淘宝、天猫为代表的开店类模式，或者入驻类模式，虽然完全不同于刚刚讲的电子商务大概念，但是道理都差不多，都是一种零售业态的创新。

我们所做的事情本质上都是零售，也就是商务部分，而电子部分，主要的基础设施，类似于公路、水、电、煤等，阿里、京东、腾讯已经帮我们都做好了。所谓的电子，对大部分商家来说都要基于两点：一是 IT 系统的应用；二是数据化运营。

系统是为了解放人，数据是为了让人做好决策，所以很明显一切问题都要靠人来解决，一切问题的根源就是人的问题。而零售，又是人与人之间的销售，基于这样的认识，把“人”这个重要因素放在电子商务体系里面，你会发现一个全新的角度。

所以说电商的核心是围绕着“人”的电商化，让人通过系统、通过数据做好零售各个环节的事情，这就是本质。

我们往往“重”事“轻”人

我甚至觉得时代演化出电商这种零售业态，本身就是为了让“人”能够从上一代零售模式中解脱出来，相比之前的零售体系发生了很大的变化。当然也意味着对人的要求更高了，比如以前的收银员，高水平的收银员和一般水平的收银员之间的差距不是很大，基本上服务的人数差不多，都是从自己面前经过的客户。而现在的电商客服就充当着导购、收银等角色，水平差距非常大，优秀的客服不光接待人数多，转化也高，表现出效率的大规模提升。

大部分卖家却忽视人的重要性，主要工作还是着眼于如何做事情上面。举个例子，电商公司常常为了加强库存管理、订单处理流程，引入昂贵的 ERP 系统，招入 IT 主管，组建 IT 团队，以为有系统就可以解决问题。花了大量的资源做这个系统，然而效果大多不尽如人意，还人为制造出更多的问题和麻烦，最后往往导致既折腾了团队，又浪费了资源，ERP 系统也就变成了摆设，最终成为一个打单软件。

有些卖家可能没有做到引入大型 ERP 系统这一步，那就再举个更普遍的例子，大部分卖家都非常重视 CRM 系统建设，大家都知道要重视老顾客，重视复购率，于是花大资金购买 CRM 系统，招聘 CRM 专员或者组建团队，但最后往往都变成了群发短信工具，所谓的老顾客忠诚度也就是一厢情愿罢了。原因与上面的 ERP 例子类似，老顾客营销工作是遍布在方方面面之中的，而 CRM 软件只是帮助更好地做这件事情，这样的误区还有很多。

究其原因，就是这种商业解决方式没有考虑人的因素，只停留在事情的层面，只解决了硬件系统，没有解决软件系统，也就是背后操作的人和人的思维匹配问题。在这个过程中，大部分公司往往会把问题归结在 IT 负责人身上，想当然地以为都是其原因导致的，还给人扣帽子，要么说其能力不行，要么说态度不行。其实这样的事情在电商公司中屡屡出现，IT 负责人只能解决系统，而解决不了公司的实际运营和运用情况。系统的价值在于运用，在不同的阶段用不同的方式。

就好比装修房子要先布局水、电，50 平方米、150 平方米的房子和 200 平方米的别墅，要有不一样的布局，需要不同的住户根据自己的生活和需求来调整，若指望水电工帮助自己都弄好多半是不靠谱的。

从表面上看，这些问题是由于系统不适应当前阶段导致的，但想想系统是死的，人是活的，你觉得哪个才是根本原因？从人的角度来讲，按实际情况分析，目前的阶段用怎样的系统，经过多长时间达到既定的数据要求，不断修正系统，解放人，做好决策，才是大家要做的事情，而不是 IT 负责人一个人的工作。

一个系统投入运作需要全体成员的改变，这需要一个很长的时间周期。IT 系统只能解决工具问题，而解决不了公司的实际运营和运用情况，系统的价值在于运用，在于背后的思维和观念。比如给战士们都配上了机枪，但他们拿来当棍子用，这就是观念造成的差距。

ERP 是一个先进的系统，但要人人参与改变原来的习惯。华为当年引入 IBM 的 ERP 系统时也发生了很多成员不适应、不愿意用系统的情况。任正非说：

> “IBM 的管理也许不是全世界最好的，我们员工也有可能冒出来一些超过 IBM 的人物，但是我只要 IBM。高于 IBM 的把头砍掉，低于 IBM 的把腿砍掉。只有谦虚、认真、扎实、开放地向 IBM 学习，这个变革才能成功”。
>
> “好好学习，学明白了你就伟大了，靠自己去创新，自己去悟，是悟不出大道理的”。
>
> “决心要穿一双美国鞋，那我们就不能摇摆，如果我们今天摇摆这样、明天摇摆那样，我们将会一事无成。所以要坚定不移地向 IBM 学习，集中精力向 IBM 学习不摇摆”。

所做的大量事情都是为了直通车而直通车，为了上活动而上活动，为了买软件而买软件，种种这些都只是解决了表面的工具层问题，而完全没有想清楚目的，没有想清楚每个人的思维升级。好比厨师做菜，光是刀具上的先进、食材上的领先不行，烧菜的思路和手法不对，再怎么练也是白搭。硬件系统能够解决的只是工具层问题，这些工具基本上每个电商都能有，这不是竞争力。

真正的竞争力是拥有系统的思路和理念，以及与工具匹配的人，这才是真正重要的。只有这样的人，在组织中才能发挥出作用。

所谓的 IT 负责人、CRM 负责人，他们对这两个核心业务的理解和体系的打造要有足够的高度，CRM 绝对是公司的核心战略之一，而顺畅的 ERP 系统是电商业务拓展的基本功，是地基，一个往上建高，积累更多的活跃客户；一个往下打深，不断提高商业效率。看出他们的地位了吗？这样的高度基本上要上升到公司管理层的核心工作上来。再看看公司中的这两个部门，或者团队，或者岗位，其在公司、团队中有什么样的地位，所招进来的负责这两个业务的人有什么样的能力，还是仅仅只是一个白龙马呢？

作为电商负责人，你应该反思，究竟是人重要还是事情重要？因为他们所带来的效果短期内没法看出来，而且要花的时间和精力，比报上淘抢购、聚划算等当然要复杂很多。

这才是正道！

领头人的见识超越一切

我们都清楚，一件事情、一个项目、一个团队能不能做得好，能够走多远，最重要因素是有没有一个好的领头人或核心人物，至少这是最重要因素之一。

乔布斯曾说过一个牛气的工程师，抵得上 1000 个普通工程师，他其实是在说这个领头工程师的价值，只是领头人的作用在软件开发领域更大罢了。电商中一个牛气的领头运营应该也抵得上 10 个普通运营，且毫无压力。因为作为领头人，他们要解决的是团队中从来没有遇到过的问题，这类突破基本上就是靠领头人带领大家摸着石头过河。

在微信上曾看到猎豹移动傅盛举过的造原子弹的例子，地球上只要有国家率先造成功了，其他国家造出来就都不难了，只要集中资源攻克就好，最后只是时间问题。但第一个国家造出来的难度比后面其他国家造出来的难度要大得多。第一个国家造的时候是不知道能不能成功造出来的，看起来有很多可能性，实际上是一样样去试错，对各种可能性进行尝试，这是一个完全开放的问题，太难了。团队成员在造的过程中还有很多心理问题，如焦虑、恐慌、怀疑、挫败等，因为人都会有这些情绪，会影响结果。这就是领头国家起到的作用。

再举一个生活中的例子，比如深夜里，你走一条曾走过的路和一条没走过的路，大家自己体会一下之间的差别。前者，知道自己一定能走出去，走起来当然轻松一点；而后者，往往在各种不确定中恐惧，走出去，更多的是靠强大的内心。

还有一个故事，来自于网络：

> 1952 年 7 月 4 日清晨，加利福尼亚海岸下起了浓雾。在海岸以西 21 英里的卡塔林纳岛上，一个 43 岁的女人准备从太平洋游向加州海岸。她叫费罗伦丝·查德威克。
>
> 这一次如果成功了，她就是第一个游过卡塔林纳海峡的女人。在此之前，她是从英法两边海岸游过英吉利海峡的第一个女人。
>
> 那天早晨，雾很大，海水冻得她身体发麻，她几乎看不到护送她的船。时间一个小时一个小时地过去，千千万万的人在电视上看着。有几次，鲨鱼靠近她，被人开枪吓跑了。而她继续在游。在以往这类渡海游泳中她的最大问题不是疲劳，而是刺骨的水温。
>
> 15 小时之后，她又累，又冻得发麻。她知道自己不能再游了，就叫人拉她上船。她的母亲和教练在另一条船上，他们都告诉她海岸很近了，叫她不要放弃。但她朝加州海岸望去，除了浓雾什么也没看到。

> 几十分钟之后——从她出发算起 15 个小时零 55 分钟之后，人们把她拉上船。又过了几个钟头，她渐渐觉得暖和多了，这时却开始感到失败的打击，她不假思索地对记者说：“说实在的，我不是为自己找借口，如果当时我看见陆地，也许我能坚持下来。”
>
> 人们拉她上船的地点，离加州海岸只有半英里！后来她说，令她半途而废的不是疲劳，也不是寒冷，而是因为她在浓雾中看不到目标。查德威克小姐一生中就只有这一次没有坚持到底。
>
> 两个月之后，她成功地游过同一个海峡。她不但是第一位游过卡塔林纳海峡的女性，而且比男子的记录还快了大约两个钟头。

很多人看这个故事以为是人需要目标，人不能没有方向。但我相信，如果这个女士前面有一个领航员和她一起游的话，她一定可以成功。所以，这更像是一个关于领头人的故事。因为在团队工作中，也许领头人也没有看清目标，但没有关系，对于整个团队来说，能够看见领头人在往前游的方向也就足够了，大家能够有足够的力量跟随。据说在大航海时代的船队里面有一条非常严格的铁律，任何船员如果擅自讨论或者指出航行的方向或位置，格杀勿论。船员就是听船长的，任何方向都不如船长的方向。

什么是创业者？就是所有人都看不清方向的时候，你要能站在那里指出方向，即使不相信，也要假装相信，因为团队中所有成员都看着你。记住，你一定要成为团队唯一的领航员。

说到电商上来，你“双十一”做到一天 2000 万元，和你第一次参加“双十一”两眼一抹黑，老板告诉你，我们今年能做到 2000 万元，这是两种完全不一样的认知结构和心理状态。这就是人与人之间的最大差别，一个经历过几次大战的老兵，和一个刚刚入伍的新兵相比，多的就是这种认知体验，战斗力就是这种认知体验的现场表现。

基于这样的认知，我们就知道要选择什么样的人来做领头人了。

这就是见识比知识重要，思路决定出路的道理。我也看到有的公司把这几句话贴在办公区的墙上，可惜很少有人能理解到位。问问大家，什么是见识？什么是知识？我们常说，没吃过猪肉，还没见过猪跑呀！事实上知识就是你看过猪跑，你知道有猪肉这回事，而见识就是你吃过猪肉，吃过红烧肉，知道好吃。两者确实有差别，知识就是停留在想象中，见识升华到了经验。见识和知识就决定了后面的思路不同，人的行为就完全不同，这种感觉需要不断地体悟和升级。

知行合一。子曰：学而时习之，不亦说乎？孔老夫子说的这个“习”，不是学习，更不是复习，而是练习。知道一件事情，然后用上了，又知道一件事情，又用上了，就非常高兴、愉快。所以说 100%的干货比不过 50%的执行。我认为见识，就是这种知行合一的执行。

领头人是一个团队中非常宝贵的核心资源。明白了见识比知识重要之后，我们在招领头人时就遵循这个基本原则了。

举个电商招人的例子。我们经常招直通车负责人或者钻展负责人，一个基本条件就是看其累计花过多少钱，多少钱是一档，多少钱再上一档，一直到满档，一共设置 5 档，对于不同的类目，大家可以设置不同的标准。这是基本的见识，对于每天最多烧过 1000 元的人来说，他是想象不出 1 万元、5 万元、100 万元是什么状况的，更不要说真实投放了。这和开车技术同理，赛车手是靠汽油和轮胎练出来的，而天赋是小概率事件，拥有天赋的人来你公司应聘，同时还能被你发现更是小概率事件中的小概率。所以现实一点，招人时多做一些以见识为基础的面试准备。

人人都知道，21 世纪最重要的资产是人才，但大部分电商公司还是把人当成成本在计算，不断地片面压缩开销。稍稍有见识的老板都能明白，任何资产都比不过人的价值，这笔账很容易算。有没有价值、工资高低要放在产出上面来计算，有些产出我们算得出来，有些算不出来，比如时间成本，这就是人才带来的价值。有时候我们要清楚是用资金来换时间，还是用时间来换成长。很多人理解的是工资占销售额多少比例以下、多少比例以上就要亏本，最后变成了控制工资水平，而不是通过发挥效果反向来衡量。比如一个 2000 元的运营，什么都不懂，还要你花很多时间教他，和一个能够独当一面的店长，月薪 10000 元加提成相比，你觉得哪个贵、哪个便宜呢？这笔账就很容易算。

我建议作为老板或作为电商操盘手的运营总监，都要转变思维，从卖货转到“卖”人，就像经营一支球队一样招募球员，而不是像工厂一样招聘劳工，同时必须要把工资放到公司固定资产里面去核算，按照战略设想的目标去计算。最后，我们需要价值几何的人才，才会更加清晰。

如果把员工都看成了资产，而不是成本，我相信你会意识到原来自己的团队有这么多有价值的人，你看每个人的眼神都会变得非常有吸引力；反过来，就会刺激团队的战斗力。

电商公司招人第一原则，就是把人当作资产，招进来的人如果是正资产多，就轻松了；反之，如果负资产多，那就完蛋了。衡量的尺子就是见识比知识重要，态度和想法比能力重要。

如何聚集电商人才

从某种意义上说，随着时间的发展，社会财富总量是不断在增加的，同时很多财富也来源于人的聚集，这就是为什么一线城市房价居高不下，而且还会越来越高的原因。我认为，一个公司的价值也体现在人才密度上，财富的价值不就是人不断聚集协作产生出来的吗？

在创业初期，假设你能调度和自己一模一样的 5 个人一起干，比起你一个人干，结果差距不是只有 5 倍，而可能是 50 倍。当然和你一样的人是个极限值，只是理论上的，无限逼近但达不到，那也绝对好过你一个人单枪匹马吧。我们都知道阿里巴巴的基础，就是马云调动了 18 个和他拥有一样理念的人一起干而奠定的，很多成功的企业家初期都是依靠夫妻店模式起家的，这种模式是目前中国主流的合作方式，也是存活率最大的模式，因为两个人干总比一个人干要好，况且多一个人就多一种思路，思路决定出路。

那需要聚集人，登高一呼而应者云集，这就是非常重要的感召力。说到感召力，插一句题外话，我观察了很多朋友，发现如果一个人“泡妞”很好，往往他的感召力也很高，也可以说明情商很高。这与那些在长相上天生有女人缘的人不同，泡妞与长相、财力完全无关，最主要是看其能否挠到目标用户的痒处。古来多少说客，成功的都是抓住了受众的痒处，用现在的话讲就是痛点。解决了痛点，就是解决了目标用户的痒处，自然就容易成功。感召力，不是要学多少技巧、套路，技巧有穷尽之时，比如可以教你如何装作很大方、很友善，但终会露马脚。真正的高手，不需要学习技巧，都是不断修炼出来的，在自己的行为和语言当中形成思路。

感召力，对组织招人、留人、用人都有极大的影响。作为电商公司的老板或电商运营总监，常常眼睛朝外，要求员工这样、那样，其实应该花更多的时间和精力去思考，自己能够带领他们怎么样，能够帮助他们做到怎么样，他们为什么要在这个团队，有什么办法可以让他们更喜欢这里……。就好比看见美女，你要是一上来就要求她这样、那样，最大的可能就是你被永远拉黑，所有的吸引都是从付出开始的。根据能量守恒定律，你要得到什么，就必须付出相应的代价，或者叫成本，没有本钱怎么赚钱，没有投入哪里来的产出。对于生意是这样，对于人心，同样也是这样。

想想看，电商老板、运营总监你们在要求员工加班、要求员工完成销售目标、要求员工完成绩效时，是不是也应该问问自己，能为大家提供什么，大家为什么需要加班，为什么能够完成销售目标，如何才能帮助他们完成绩效……

公司运作不是田径比赛，不是为了决出冠军、亚军、季军，做到晋级，做不到淘汰，这种粗暴的方式已经远远落后了。公司运作应该是足球比赛、篮球比赛，个人的目标再高，都需要大家一起扛，都需要各种分工，你能说最后比赛的胜利，只是那个踢进球的球员一个人的功劳吗？

聚人，是一个创业者的必要技能之一。

讲到这里，无非就是想让大家明白，电子商务的核心不是商务，也不是电子，而是背后与之相匹配的人。俗话说，有人的地方就有江湖。“江湖”的意思就是关于人的不确定性的合集，因为这个江湖里面没有两个人是一模一样的，所有人都按不同的方式进行出牌。

这个江湖里面主要有三类人：一是领导者、主要负责人、老板或电商项目负责人、运营总监，也可以说是上面的领头人；二是所有团队中的人；三是前面两类人结合起来的超级有机体，也就是我们常说的团队，或者叫组织。前两类人好理解，关于第三类人其实是一个“大人”，为何这么说？就好比蚂蚁是一种生物，而蚁群是另一种生物；蜜蜂是一种生物，而蜂群是另一种生物，单个蚂蚁是世界上最弱小者之一，而蚁群却是亚马逊平原最凶悍的“动物”之一。基于这个道理，我想重新定义一下组织起来的人，也就是“大人”，是一个巨型的人，其可以做很多个体做不了的事情。换句话说，地球今天的样子，就是这个全球“大人”不断作用的结果。

首先作为领头人，其性格、脾性在很大程度上是组织的重要支撑点，也是最后的天花板，但往往不被重视，就像我们的眼睛是生在外面的，所以往外看，领头人的性格缺陷、局限性、缺点往往是看不见的。

一个团队的创始人或核心负责人的问题导致项目失败或者停滞的情况，往往隐藏得非常深，这在很大程度上会影响电商执行的结果。

那么，管理层的性格本性，对于组织来讲是第一棒，老板是企业的天花板，电商运营总监也是电商业务的天花板，因为大部分电商公司的老板是不懂电商的，都由运营总监来主导。

领导层的性格品质，在《孙子兵法》中有很好的阐述——“将者，智、信、仁、勇、严也”，我认为作为管理层可以参考这个品质来进行修炼。我们来看孙子认为的将者的五个方面品质，也就是负责人要具备的五个方面。

第一是“智”。我认为不是聪明，而是智慧，与智勇双全里面的“智”是同一个意思。智，不是现在意义上的高智商，而是一种超高的智慧。智慧是什么？智商是什么？大部分人是很难区分的，智慧不可习得，智商可以练习出来；智慧指的是终极，智商是技巧。智慧讲究多赢、最优解，智商是解决当前己方问题。作为领头人，要能够站在结果上，想尽一切办法拿到最优结果，再延伸一点说，是一种认知、一种判断力。这是先决条件，也因为这一点，知道某件事情可不可以做、有多大的成功概率、最坏的打算是什么，这些问题其实在还没有开始做之前就要想清楚。

第二是“信”。商鞅变法，就是从立信开始的。信，则民心民力可用。我们通常说的信，就是诚信，诚信就是他人对你的正面期待，你就有了诚信，所以信不是你说有就有的，而是取决于你的受众。西点军校有一条对领导力的要求——“心里装着对方的利益，并且有能力让对方清楚地知道这一点”。这是一种很好的诠释，是一种人格魅力的体现。首先，你要心里真的装着对方，这是前提，假装容易使行为变形，靠演技可以忽悠一时，忽悠不了一世，这是本质；其次，更重要的是，你要有能力让对方清楚地知道你心里有他，如果他不知道，那就成了很多矛盾的根源。这两个条件缺一不可，所以很难，需要功力，很多老板会说“我对你这么好，你还不知足，还这么忘恩负义”，多半就是第二个条件没有做好。

第三是“仁”。信，是对他人，仁，就是对自己，无论环境怎样，也无论他人如何对自己，都用一种仁的状态，爱人怜物，也就是佛家说的怜悯之心。这是一种极高的要求。有一个著名的故事，讲的是吴起大将军看见一个士兵脚上长疮化脓了，他就埋头用嘴给他吸。你说他是在演戏收买人心吧，那你去试试看，反正我是装不出来。生活中，该节约的时候节约，也是仁的表现。

第四是“勇”。当机立断，勇猛精进，这就是勇。我们常说，一个人好谋无断，老是在谋划，就是不做决定，就是没有勇。做事情瞻前顾后，畏手畏尾，迟疑不决，就是没有勇的表现。没有勇，一种表现是决定不了，还有一种表现是决定了但执行不坚决，老想缩回去。勇，就是有魄力和胆识，还能有牺牲精神，做别人不敢做的事情。勇，还有一点，在当前社会的意义就是独立思考，不人云亦云。

第五是“严”。有句话叫“不怒自威”就是一种威信力，领导人说一不二，有一种威严感。在团队里面这种感觉来自于对人的把握，心里要有本账，分配要公平，谁有功劳，谁偷懒，谁冲在最前面，谁懈怠，一清二楚。很多公司团队战斗力低下，就是因为负责人缺少这本账，大家认为不公平，自然就不能服众。

智、信、仁、勇、严，说起来简单，做起来非常难，怎么办？越难的事情就越能体现出竞争力，越要去修炼。

团队不能光有将，没有兵，那就成光杆司令了。有了领导人，还需要普通员工，或者说是有潜力的普通员工。一个组织，要发展、要扩张必须要修炼找人、说服人、留人的真功夫，这些和文化、业务，包括物理的办公环境、福利待遇等是息息相关的，本质上这是一个公司实力的软体现，是负责人的精神气质的体现。作为开店类电商公司，首先应该做到把员工当人看待，他们是个性鲜明、活生生的人，不是工具，不是机器，更不是老板的私有财产。

对自己的要求做到位，才能更好地扩张，也就是要扩大团队的招聘基数，但不是对招聘标准的降低。阿里巴巴集团人力资源总负责人彭蕾（拥有聚人的本事，那是高手中的战斗机）对滴滴出行扩充团队选人的四条底线：

第一是【聪明】，聪明是仁者见仁，对这个行业比较了解；

第二是【阳光】，阳光就是要比较积极、正面，不要总是具有负能量；

第三是【皮实】，皮实就是不要有玻璃心，一碰就碎，因为在激烈的竞争环境下，很难会顾及到彼此的情绪，但是只要知道我们在做事情就好了；

第四是【自省】，一日三省吾身。

一个人只要满足了这几项要求，对我们来说就是非常合格的人才。

这四点真的是精华。从找人这个层面来说，阿里巴巴已经从“屌丝”走到“高富帅”了。其间犯过的错误、总结出来的内容，大部分我们是用不上的，但是关于找人的这四项基本能力，我认为无论在创业初期还是后期都是可以遵循的。

实际上，这个原则大部分商家是没有的，或者说有但没有看出来。他们只是停留在网上发布招聘信息，接收简历，然后电话通知来面试这样的阶段，找人的能力还处于小学生水平，识人的能力就更低了。

很多商家会抱怨，自己这个小地方招不到人，发布的招聘信息没有人来应聘。如果作为普通人事专员，这样抱怨也就罢了；但如果作为老板、运营总监也这样想，那就活该你招不到人。想想韩都衣舍，在山东的一个小地方；想想三只松鼠，在安徽的一个小地方。你可能会说他们是大卖家呀，可自己不是，但你不要忘了，他们也是从零一步步走过来的。所以最重要的不是资源的匮乏，而是思路，你要去想如何改变招不到人的问题。

其实如果你真的花时间去思考，就会发现有非常多的资源自己没有利用起来。当地的高校资源、人脉圈子、在外地的本地人、在本地的外地人、个人的社交圈，以及各种人才脉络、论坛、培训会等，这些都是招人的渠道，在你还不是一块磁铁的时候，你就只能把自己变成更漂亮的美食，这样才有人愿意发到朋友圈！重赏之下，必有勇夫，对于人才推荐，请不要吝啬你的推荐红包，阿里集团内部推荐人才，还有1000~5000元不等的奖励呢。所以不要抱怨招不到人，是你自己不会找人。

比如，如何建立内部机制，让团队内的人推荐，如果你的公司没有前途的话，谁会让自己的朋友往火坑里跳；再比如，如何打通当地的高校资源，即使再偏远的二、三线城市，也至少有一个本地高校吧；人脉圈子、培训、会议等，这些都是电商人聚集的地方，总有在外地的本地人，有些想回来工作的……这些才是比抱怨更有效的解决方法，如果一个领头人没有这种思维，那他就注定不是一个好负责人。

“凤凰鸣矣，于彼高岗；梧桐生矣，于彼朝阳。”(《诗经·大雅·卷阿》)，良禽择木而栖，能够通过自身的优势吸引来朋友、同学、同学的同学、朋友的朋友，这就是一个团队成长的过程。

严于律己，宽以待人。对自己严格要求，做好电商业务，想办法提高员工待遇，才能有更多的人才加入进来。想要让员工全身心付出，自己是否要提前想想能为员工的梦想付出什么，至少也要给他们一个付出理由的解释吧。

人要时常自省，自己是不是掉进了思维的黑洞中，这在佛经里叫“我执”，每个人都在修炼这个内容。曾国藩曾说：“轻财足以聚人，律己足以服人，量宽足以得人，身先足以率人。”其意为仗义疏财能够团结人，严于律己能够使人信服，宽以待人能够得到人心，身先士卒能够领导众人。

且不说自己是否为领导者，但将这四句哲言引入到与人交往中，也不失为一种提高自身修养素质以及人格魅力的良策。

很多公司往往只谈情感不谈利益，这样的公司注定走不长，因为都想让大家无私奉献。反过来，应该先谈利益，然后在追求共同利益的同时，形成情感。这种团队、这样的关系才是最牢固的。

> 不要用兄弟的情义去追求共同的利益，要用共同的利益去追求兄弟的情义。

关于很傻、很天真的人

现在的电商老板，有些喜欢用梦想忽悠员工，给团队画大饼。尤其是电商上新三板的高峰期，大家都认为只要团队努力，电商业务一样可以在新三板上市，持有这种观念的老板不在少数。且不说他们能不能上得了，也不说他们有没有想清楚为什么要上市、什么时候可以上市、对自己的业务有什么帮助等问题，只说他们用这种所谓的上市梦去忽悠员工，根本就是毫无用处的，对团队、对业务几乎没有任何帮助。

梦想是用来实现的，而不是作为团队的精神安慰剂。当所有员工领底薪的时候，梦想只是一个借口；当业务停滞毫无前途的时候，梦想只是让大家留下来的谎言。这个梦想，连老板自己都是不信的。

但也有不理性的人会相信。

有个理论叫博弈论，是 20 世纪伟大的理论，能够解释很多人与人之间相互选择的故事，里面有一个经典的案例，就是著名的囚徒困境：

两个一起作案的罪犯都被抓了。甲在一个房间审讯，乙在另一个房间，他们相互之间看不见，也听不到，但警察给出的条件是一样的。

如果两个人都认罪，都判无期徒刑；

如果两个人都不认罪，都判三年；

如果一个人认罪，一个人不认罪，那就认罪的无罪释放，不认罪的枪毙。

假设你是甲、乙两个人中的一个，请问你最后怎么选择？结果是什么？这就是著名的纳什均衡。按照理性人的判断，无论对方是否选择认罪，你的最优选择都是认罪，所以结果是你们两个被判无期徒刑。

你是不是很奇怪，彼此都认罪，被判无期徒刑，这里明明存在着一种更好的结果，就是两个人都不认罪，这应该是最优解了。因为相比于一人枪毙、一人释放来说，两个人的团队价值这样是最好的。这就是困境所在，明知有更好的结果，有更好的选择，却困于更坏的选择无法自拔。这就是博弈论给出的答案。

可是，还有其他情况。

假设你不是一个理性人，也不会算计，或者你有一种大无畏的牺牲精神，或者你意志力爆棚，可以忍受所有伤害，就是我们所说的又傻又天真、又猛又持久，无论警察怎么审讯，就是不认罪。这个时候只要对方一认罪，那你就死定了，马上被枪毙。

而如果对方也是这样的人，就是都不认罪，那么你们就会得到最好的结果。

博弈论给了我们一个理性的前提，但是这个世界还有很多非理性的决策。如果一个团队里面都是这样的人，那么结果往往是最优的。傻、天真、爱、理想、信念、这些东西总是会被人嘲笑、被人利用，但总有一些时候，当理性无能为力的时候，只有同样的人才能够彼此拯救。

所以，别拿梦想忽悠人，相信的人自然会相信，最怕的是表面上相信，其实不相信，那么，终有一个时刻，你会被这样的队友害死。记住，不良的队友，伤害度大于对手。

看人能看透，看事情才能看透。人是最复杂的，就是因为太复杂，所以我们需要彼此简单，能够彼此没有戒心。

我们在困惑人越来越多，团队越来越大，但是效率却越来越低，业务不升反降的时候，就要思考团队里面是不是所谓的“理性人”越来越多，是不是领头人很少，是不是已经到了认知的天花板。人多了，很多问题都会成倍地暴露出来，问题也就越来越复杂了。

如何招聘高薪核心成员

很多老板不愿意高薪招人，宁肯花 3000 元招 5 个应届毕业生，也不愿意花 20000 元招 1 个资深运营策划，这是一个普遍存在的误区。在他看来，5 个人干的活加起来总比 1 个人多，而事实上，这是一种把人当成劳动力的思维，是一种工厂思维。

其实人的价值不是体现在薪酬上，而是体现在他所做的事情的重要性上。就好像优步打车，在叫车人很多的时候就会加价，对于用户来说，当下这个时间离开那个地方就是目的，只要目的完成加价也没有关系，总比滞留要好，总不能因为这比其他地方贵很多，就不打车走回去吧？这就是目的和需求模糊的表现。同样，招聘高薪岗位，以及招聘核心层团队，是要让其完成某件重要事情，或者处理未来某个重点问题。对这个岗位的重要程度，就体现在薪酬上。高薪带来的附加值，也就是高选择度，这是很多老板忽视的。

招聘团队的核心成员，或者招聘负责人、领导人，要在招聘这个角色之前，做好充足的准备，必须要心里有底。一般有如下几种情况：

如果是招一个提升型成员，来完成本来要做但目前团队内无人能做的工作，那么你挑选的就是这方面的工作经验和见识，绝对不能将就用，宁缺毋滥。告诉他你的目标，问他计划是什么、思路是什么，如果没问题，就让他去做，你主要管结果和给他必要的支持，至于困难让他自己解决，缺人自己解决，缺资源你能帮的就帮，帮不了的自己解决，不要提困难。既然你认为他能做了，那就搭好平台让他去唱戏，给他最高的信任和权限，放手让他干起来。

如果是招一个分担型成员，让他肩负起你的一部分工作，以便你从一些事情中脱身出来，那么我认为这个人的人品和忠诚度是很重要的。而你必须要像师傅一样教他如何来管理自己的手下，哪几个是刺头你要注意，哪几个容易偷懒，要及时跟进，如何领导好他们，怎么团结他们，你对他有什么要求，核心是什么，如何建立威信，他承担的责任是什么，你要考核他什么，他对你定期汇报什么。

如果是招一个替补型成员，让他来做现在你们已经做得很好的工作，目的是想储备一个干部，以便有核心人员走了，马上有人能顶上，就让他跟着师傅学，告诉他主要任务是如何在一定时间内从各方面超越师傅，然后不定期抽调他师傅去参加四、五天高级课程培训，看看他能不能独立胜任工作，给他机会历练。这样一方面候补干部有了，另一方面更高级的干部也有了。

不过，这只是理论上的情况，对于招聘高薪高层人员来说是非常重要的事情，在选人时要尽量考虑周全，该沟通的地方应该充分沟通，完全了解，让对方能明明白白加入，也能明明白白退出。在加入的时候若没有谈清楚，不光后面的工作很难开展，往往离开的情景也不会太好。

中国人喜欢开始，不喜欢结束，比如吃饭会约几点开始，但往往随性到几点结束不一定，其实这就是中国人的传统。对于招人来说也一样，如何退出，尤其是合伙人，这些都要想清楚。

人们往往想到怎么开始，没想到怎么结束，所以很多公司都没有这种设置，人才招募是这样，合伙人也是这样。一开始必须要有几个精兵强将组成团队，宁缺毋滥，这比什么都重要，也能大大提高成功率。

你最近好像不在状态

作为领头人，经常会找下属聊聊，不是聊工作怎样，而往往是说“我看你最近状态好像不好，是不是有什么困难，能不能说出来看我能不能帮到你”。其实你是怎么发现的，或者说什么叫状态，这很抽象，是一种感觉、一种主观上的认知，未必就是事实，有可能你看到的就是自己的心里认知的映射而已。

孔子讲过一个疑邻为盗的例子，非常形象、生动：

> 从前有个人丢了一把斧子，他怀疑是邻居家的儿子偷去了，观察那人走路的样子，像是偷斧子的人；看那人的脸色神色，也像是偷斧子的人；他的一言一行，一举一动，无一不像是偷斧子的人。不久以后，丢斧子的人在山谷里挖水沟时，掘出了那把斧子。再留心观察邻居家的儿子，就觉得他走路的样子，不像是偷斧子的人；他的脸色表情，也不像是偷斧子的人；他的言谈话语，更不像是偷斧子的人；他的一言一行、一举一动，都不像是偷斧子的人了。变的不是邻居家的儿子，而是自己的心态，变的原因也没有其他，是被偏见所蒙蔽了。

这就是一种先入为主的观念，然后映射出来的是一种心理现象，可能自身未必能察觉到。

其实抛开主观的情况，状态是有真实表现的。那么什么是状态？状态就是心理能量与外界相互作用的综合表现，有的公司用数据化来表示，比如迟到次数、加班时间、语速、坐姿、KPI 完成度、服从力、执行力、思考力等。

简单来说，一个人的状态就是一种动态平衡，一个组织就是一种融洽力。比如我们突然进到一个会议室，里面的氛围如何是能够感受出来的，是刚刚吵过架，还是很融洽等。这种能力我相信每个人都有。

不过，如果用状态来区分人，确实可以分很多种，以下内容是我的原创。

一种是平稳型，稳定，没有太多的波澜。做事情四平八稳，没有惊喜，没有意外，交给他的所有事情，都是一样的力度、一样的付出。

一种是激进型，振幅大，波澜大。有的事情状态非常好，如喜欢的事情、擅长的事情、有成就感的事情；有的事情非常抵触，有惊喜，也有意外。

一种是递进型，逐步攀升，逐步保持，也就是精益的思维。精益的思维和我们老祖宗的那种积极的保守主义非常像，可能一开始做没感觉，但越做越好，越来越有感觉，不断付出和提升。

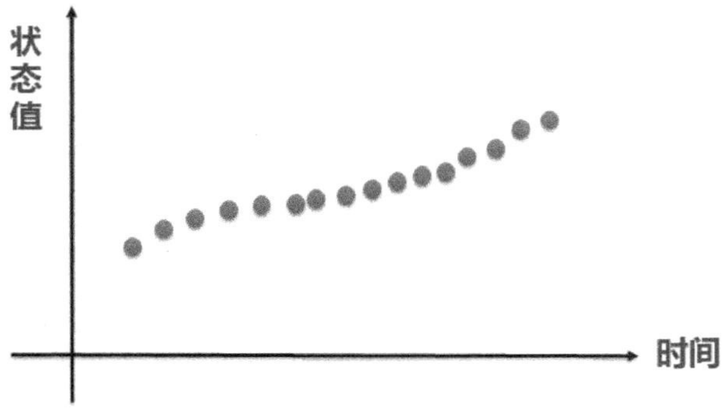

最后一种是倒退型，一开始做很有激情，很愿意付出，但随着时间的推移，事情的进展慢慢停止，像一块拿出冰箱的冰块，慢慢融化，最后消失了。这种状态的人，我们要及时发现，有必要的话还要剔除团队。

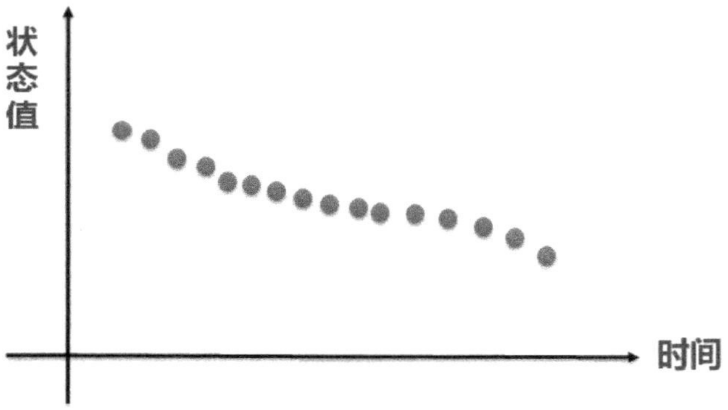

我想大家都赞同状态比能力重要这一点吧。状态不好，能力再高也发挥不出所应该有的效果。这四种力量在我们每个个体上基本是交替出现的，所以实际的结果往往如下图所示，而且很多情况都是叠加的，在同一个时期，对不同的事情状态是不一样的，所以要让不同状态的人做不同的事情。

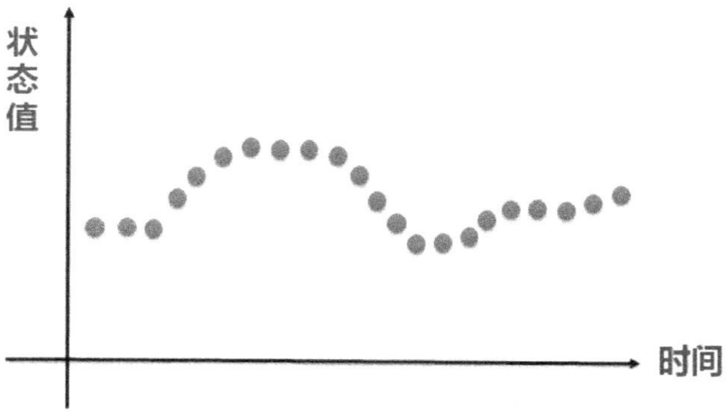

我记得在实况足球里面，上场球员都有状态条，有三种状态，即正常发挥、超常发挥和失常发挥，现实中也的确如此，这就是人具有不确定性的由来。

组织就是对四类人资源进行合理安排，我们在下一章中主要讲怎么安排和调整这些内容和机会。

人在某个时期的理解能力，其实和智商、情商关系不大，而和此前所有的经历和体验很有关。于是很多东西是没法传承的，要靠时间、靠悟性、靠修炼，我等凡夫俗子岂能理解透彻呢？

习主席说，未来的中国，是一群正知、正念、正能量的人的天下。真正的危机，不是金融危机，而是道德与信仰的危机。谁的福报越多，谁的能量越大。与智者为伍，与良善者同行，心怀苍生，大爱无疆。说得多好，忍不住要点上 1000 个赞。

人生就是一种经历，就是让我们经过不同的体验，那我们可以选择一种好的状态。

警惕三个用人误区，90%的公司都存在

电商圈里面有很多不好的行业氛围，尤其是在小地方，往往会碰到友商挖墙角的事情。而且非常没有技术含量，乱挖角，在我们这里做运营助理的一个大学应届毕业生，半年以后就被人挖走了，月薪双倍。这种事情屡屡发生，我们会多招一些助理，好留下真正做事情的年轻人。其实从被挖走的那一刻起，这个运营助理也就毁了。从此以后，在他的职业生涯中都将充斥着浮躁气息，干不好就换一个工作，跳槽工资比稳定工作的还多，于是就出现了所谓的跳槽党，不停地换工作，不停地换店铺，坑完这个老板坑那个，坑完这个类目换一个类目，直到这个行业里面没人敢用他，于是他做起了刷单业务。

其实最大的错误是那个挖他的人，错把一个操作工当成了技术工。

所谓操作工，就是做基础工作的人，在电商里面有很多基础工作，比如上产品、理数据、报活动、看群消息，这些工作只要一般的毕业生稍加培训都是可以干的。而技术工就是真正懂得如何做的人，一般是专员以上，能够负责一个电商模块推广、客服、售后、采购、对接店长等，比如他知道为何上这个产品、为什么报这个价格、什么样的节奏、需要达到什么效果，真正对结果负责、对整体运营负责的人。这也是很多没做过电商的卖家最容易存在的一个误区，也是电子商务中“电子”二字迷惑了大家。

这是第一个误区，把操作工当成技术工用。

第二个误区就是把一个技术工提到了管理岗位，让他带一个团队，结果是害了这个人，也害了整个团队，可能还害了整个业务没法开展。

这种情况就更加普遍了，在管理学上有一个定理叫彼得原理，具体内容是：在一个等级制度中，每个职工趋向于上升到他所不能胜任的地位。彼得指出，每个职工由于在原有职位上工作成绩表现好（胜任），就将其提升到更高一级职位；其后，如果继续胜任，则将进一步被提升，直至其所不能胜任的职位。

比如一个售前客服做得非常好，询单转化最高，接单能力强，非常优秀，于是她就成了客服主管，但她没有管理经验，而客服又是人数最多的团队，一下子让她管这么多人，于是这个公司少了一个优秀的客服，多了一个蹩脚的主管。结果是，由于一直没有做出成绩，也没有成就感，这个新任客服主管就会选择离职，因为她也做不回客服了。

大多数电商公司都没有完善的管理培训机制，一个优秀的技术工并不等于一个管理者，这两者之间的能力是完全不同的。管理是需要学习的，通过这种认知的漏洞，公司里面优秀的技术工就这样一个个被离职了，结果就是整个团队能力停滞、业务停滞，所有的事情都会变成老板一个人的事情，因为他成了最后见识所在，具有丰富的经验。

第三个误区就是一个公司里面往往越能干的人做的事情越多、负责的业务越多、干得越杂，老板会把所有重要的事情都交给他来做，美其名曰“能者多劳”。可是，过不了多久，这个得力干将就会被玩残，因为没有人能够同时做很多事情又做得很好，于是做得越多错得越多，而且往往大家对他做的事情期望很高，最后他受不了就离职了。这就是把人玩坏的很重要的错误认知。

以上三个误区，大家看看自己中了几个。这其实是一种认知错误，或者本质上说是对人缺乏判断力，是对人的能力边界的判断失误。也就是不会用人，于是所有的麻烦都来了。

拥抱“80后”“90后”的新世界

现在的电商已经是“80后”“90后”的时代了，说电商绕不开这个年龄段，他们是电商时代的核心人群，也是电商从业者中的核心人才。

现在的“80后”基本上已经做到各公司的中高层，他们已经成为电商团队的核心，在很多公司中甚至是“90后”成了核心，年轻人越来越成为这个行业的主流。

对于这一代伴随互联网成长起来的人，他们对事物的追求是多元的，所以妄想通过一种方法、一招吃遍天下鲜的管理就太傻了。

代际冲突越来越明显，年轻人所玩所想的、价值观、对事情的判断往往与上一代人有着巨大的冲突。比如一个年轻的“80后”“90后”在大学里面主修的是DOTA或者LOL，不知道的人还以为是一种新的编程语言或技术，它其实是一种5人制对抗游戏，大家可以通过百度来了解。从这种年轻人的游戏中，你也能知道他们需要什么样的组织。

5个人一组，分工明确，有人做主，随时洗牌，成就感明显，他们最在意的是感觉对不对，而不是应该不应该。所有的权威、权力、装都成了他们鄙视的对象，不要在这个维度上自讨苦吃，而是要让业务变成这种5人小组的模式。这种模式有别于目前大部分公司的金字塔管理方式，这样的改造也是一个摸索的过程。

这种摸索让我们重新思考人与人之间的关系，做电商的都是真实的人，是人就有很多情感需求、社交需求，因为我们是社交动物。马克思说，人是所有社会关系的总和。

所以，我们不要问“为什么‘80 后’‘90 后’，如此散漫，不够成熟”“如何才能管理好他们”“如何让他们做到高绩效，安心工作”等，而应该经常问“怎样的制度建设才能促使员工在工作中充满活力，保持激情”“什么样的激励才有助于激发下属的工作积极性”“应该如何去培养‘80 后’‘90 后’的年轻员工”等。如果问错了，即使找到了答案也不能解决问题。

我们经常说电商人苦，对着电脑的时间都比对着老婆、孩子的时间多。这没有办法，哪个工作不是这样呢？关键是工作的时候不要抱怨亲情时间少，享受亲情之乐的时候就不要想着工作。记得有一次我开车带着儿子去儿童公园玩，在路上时有个微信消息，于是我就拿起手机看了一下，谁知道儿子居然说，“爸爸，开车就开车，玩手机就玩手机”。我突然觉得，这就是小孩子不会焦虑的原因吧，因为他们在做当前这件事情的时候，不会去想其他事情。其实我们生来都是这样的，只是后来慢慢被磨灭了。

你必须先上路，才能有同行者，最好的安排都是在路上。

如果你发现与其他人的关系不和谐了，比如下属、上级、同事、老婆、儿子等，那一定是你在某个地方出了问题，一定不是别人的问题，而是你自己的问题，不妨跳出来看看是不是人出了问题。

在移动互联网时代，我们看手机的时间比看任何人都长，没办法，时代是这样。我们要用好内部的人，更要用好外部的人，通过互联网工具实现资源交互、组织协同，理论上可以整合出最好条件的业务和公司，公司内还是公司外会变得越来越模糊。处理好人与人之间的关系，就会变得更加重要，只有关系处理好才能在一起，才能一起前进。

在公司里面老板有老板的立场和角度，员工有员工的立场。如果你是打工的，把自己当成老板，你会获得更多；如果你是老板，把自己当成员工，你会有更大的格局。千万不要反过来。

其实，我们所有的经历都是合理的，人生就是让我们获得不同的体验。“80 后”“90 后”是游戏的一代，但玩游戏何尝不是一种修炼呢？不信，你来试试指挥一次 LOL 对战。我们就是这么过来的，所有的体验都是一种生活。

那么做好准备，一起在路上。活在当下，不惧未来。

从零开始，电商管理

10 个人的时候，你走在最前面；100 个人的时候，你走在中间；1000 个人的时候，你走在后面；10000 个人的时候，你就只能祈祷上帝的帮助了。

——日本经营之神，松下幸之助

二十年后，让你失望的不会是你所做的，而是你没有做的。所以丢掉帆角索，驶离安全港，随风前行，冒险去吧！

——小说大师，马克·吐温

企业管理过去是沟通，现在是沟通，未来还是沟通。

——日本经营之神，松下幸之助

管理就是把复杂的问题简单化，混乱的事情规范化。

——杰克·韦尔奇

不断适应变化的电商管理

我一直认为这个时代在让人与人之间的差距越来越小，但也在让人与人之间的差距越来越大。时代在进步，技术在革新，电商运营水平、推广水平、设计水平、服务水平等都趋于平均，只要足够勤奋，进行足够多的尝试，这些都不是很难达到的，所以在电商之间这种差距会越来越小，反而是人与人之间、团队与团队之间那种看不见的精气神的差距越来越大。

这种精气神很难用语言来描述，其实就是一种气质，让一个人、一个团队愿意去面对困难、解决困难，并积极努力克服困难的智慧与态度；这种精气神能够令我们摆脱匮乏、焦虑、怠惰、贪婪、无知和傲慢的习气，是鲤鱼跃龙门一样的信念。这就是为什么同样的店铺条件、不同的运营会有不同的结果，而且随着时间的推移，这种差距越来越大。

本书前 3 章讲的文化、战略、人，加上这一章讲的管理，就是我所认为的“电商四大虚”，其实也是“创业公司四大虚”。这些内容无不体现在上面所说的精气神上。

最直接、最能够看得到的就是管理内容，这一章就和大家聊聊我对管理的理解。

自改革开放以来，中国的管理模式也在不断地提升，对于大部分中小企业来说，总体感觉还是被经济的发展推着走，甚至很多公司有点脱节和滞后。这几十年的光景，我们从农业国变成工业国，又要从工业国变成服务国，相应的管理模式也从工厂管理模式，一跃到了知识管理模式，再到这些年很多公司提倡的扁平化、去中心管理模式，或者自组织模式。所有快速的变化，被压缩在几十年当中，对我们这代人来说挑战还是非常巨大的。所以永恒的变化就是不变的真理，但我们很多人适应不了。

单从这些年零售业态的发展来说，我们经历了供销柜台模式，就是有个中年大妈站在后面，你要什么她给你拿出来看什么，现在这种柜台只在黄金珠宝店才有。接下来是百货商店，就是把所有的品牌柜台聚拢到一起，接着是商超模式，大型本土的、外资的商超迅速改变着人们的生活方式，再到目前的电商模式，或者叫移动电商模式，未来肯定还有其他形态，这么多业态发生的变化，你说背后的管理模式能不变吗？

其实“管理”两个字本身已经不合时宜，我更喜欢用“运营”来代替，管理也就是人力资源和资本资源的综合运营。电商运营总监做的就是关于本公司的人和货品资源的管理。

事实上，管理和广义的运营有很多相似的地方，我的区分是管理重在管理人，而运营重在做事上。说几句不客气的话，大部分电商公司都没有多少管理底子，基本都停留在做事上面，有的甚至用的是工厂模式来管理电商团队，这其实也是大部分电商公司的现状。

中国企业的管理模式，有的学美国管理模式，有的学日本、台企管理模式，现在有很多互联网管理模式，比如开店类电商公司，最喜欢模仿阿里模式，有些还完全是拿来主义，阿里怎么做，他就怎么学，这不是找死吗？每一种管理模式，最重要的是符合当下或未来的业务，请问阿里什么业务，你什么业务，再看看阿里什么毛利率，你什么毛利率。往往又是画虎不成反类犬，是不是应该清醒一下，商家朋友们！

我所见过的电商卖家，各个层级都有，除了个别确实厉害外，大部分管理水平是非常低下的，只是在做制度管理、提成管理。这在很多方面可以表现出来，比如典型的家族企业，老板是总经理，小舅子是业务副总，老婆是财务主管，兄弟负责采购，不光电商是这样，大部分民营企业都这样，是典型的家族企业管理模式。大大小小的公司其实都差不多，用这种血缘关系、裙带关系代替管理上的经验和方法的缺失，最坏的事情就是做事情、做决策随意性非常大，都是老板拍脑袋的居多。

这种管理模式的好处当然有，尤其是在初创时期，三五个人，这种团队战斗力很强，但随着业务发展所有的内容都要变化。10 个人要用 10 个人的管理方式，100 个人就要用 100 个人的管理方式了，同时管理思维也要随着业务规模、商业环境、团队人数等的不断变化来调整。这种变化的认知观念是很多电商商家缺少的。

关于如何进行组织优化、如何制定管理制度、如何分配部门权力、如何调整组织结构等问题我没办法一一罗列，这些调整和反馈一定要及时修正、及时调整。与人相关的事情，一定要想清楚再动，因为你没法改变对人的二次影响；而与业务有关的事情就没有关系，可以不断尝试，只要人还在，就可以不断试错。

可以这么说，目前电商的管理模式还在不断变化，可能不同的类目需要不同的管理模式。比如做零食的和做服装的、做电器的和做化妆品的，都有可能是不同的，这也是电商有趣的一部分，也非常有挑战性。在这个变化的时代，我们所熟悉的企业管理模式都是在工业时代被检验过运营良好的结论，也都是 20 世纪的理论了。

我通过自身的经历得出了一个很重要的结论，也是一个付出过很多学费的结论：要想让电商公司、电商业务发生实质性的变化，就需要用变化的思维，把重点放在如何尝试走出一条电商运营管理之路的方法上面。这是我们自己在设计公司的管理操作系统，什么硬件就只能配什么系统，这样才能发挥出作用。

上一章讲到人是电商的关键，那么管理就是人与人之间的关系，管理就是组织人，或者是这个“大人”的行为逻辑。

请先管好自己

新进管理者终于媳妇熬成婆了，好歹大小是个头目，所有的事情都有小弟来做了。这就是错误的开始。要当好管理者、创业者、老板，最重要的事情就是管理自己，这是最容易忽视的。

在英国威斯敏斯特大教堂的一块墓碑上刻着这样一段话：

> 当我年轻的时候，我梦想改变这个世界；
>
> 当我成熟以后，我发现我不能够改变这个世界，于是我将眼光缩短了些，决定只改变我的国家；
>
> 当我进入暮年以后，我发现我不能够改变我的国家；
>
> 当我迟暮之年，我决定只改变我的家庭，但是，这也不可能。
>
> 现在，当我躺在床上，行将就木时，我才突然意识到：如果一开始我只改变我自己，然后，我可能改变我的家庭；在家人的帮助和鼓励下，我也许就能改变我的国家；然后，谁又知道呢？也许我连整个世界都可以改变。

这段深刻的话，我自己总结出来 8 个字：“严于律己，宽以待人”，这是基本的管理内核。反过来，眼睛看外面，结果往往非常糟糕。

作为一个管理者，做管理的第一步，就是先做好自我管理。当上管理者、运营主管的时候，往往觉得自己终于可以管别人，可以指使别人做事情了，这种观念会导致大部分管理者对自己的问题视而不见。

管理好自己，不是一句空话，我认为最重要的就是管理好自己的时间。

而管理时间，首先就是要知道自己的时间都花在了什么地方。很多人不知道自己的时间用在了什么地方，电商公司对接的事情又比较多，看起来一天非常忙碌，其实一无所获。其次，时间被打散得非常严重，都是破碎的时间段，而没有大段的时间来处理事情。我自己有一个方法，就是从早上睁眼开始，就把自己的时间记录下来，如下表：

2015 年 9 月某一天

时　间	事　项	类　型
06:00	睡觉	生活
07:00	睡觉	生活
08:00	8:15 起床、洗漱、吃早饭	生活
09:00	9:10 出门	出行
	9:40 到公司	出行
10:00	10:00 运营周会	工作
	10:55 结束，抽烟	工作
11:00	11:00 看数据表格	工作
12:00	12:15 吃中饭	生活
	12:56 结束，抽烟	生活
13:00	13:15 回公司	生活
	13:20 午睡	生活

续表

2015 年 9 月某一天		
时　　间	事　　项	类　　型
13:00	13:55 午睡结束，抽烟	生活
14:00	14:10 面试 5 个人	工作
15:00	15:20 结束，抽烟	工作
	15:30 同旗舰店店长沟通	工作
16:00	16:15 结束，抽烟	工作
	16:20 开始做下个季度产品规划	工作
17:00	17:35 抽烟休息	生活
18:00	18:15 叫外卖吃饭	生活
	18:40 结束抽烟	生活
19:00	19:45 做完方案发邮件，抽烟	工作
20:00	20:10 离开公司回家	出行
	20:40 到家	出行
21:00	21:10 哄儿子讲故事	家庭
	21:30 结束，洗澡	家庭
22:00	22:10 看书	学习
23:00	23:00 结束	学习
	23:30 看一下店铺情况	工作
00:00	00:10 睡觉	生活
01:00	睡觉	生活
02:00	睡觉	生活
03:00	睡觉	生活
04:00	睡觉	生活
05:00	睡觉	生活

这样记录一个月之后，就能发现，原来自己的时间都浪费在这些地方了，比如早上，起床能不能从 8 点提前到 7 点，能不能戒掉抽烟，因为我每天抽 10 根烟，每根 5~10 分钟就将近 1 个半小时了，晚上 12 点睡觉，上下班路上 1 个小时，是不是可以做些听书之类的，这些客观的记录会让自己明白时间究竟都花在了什么地方。想想有时候理财也是一样的，只有记账，才能知道自己的钱花在了什么地方，更何况寸金难买寸光阴啊！

这引出了自我管理的一个前提，就是要客观地反思自己，也就是德鲁克所说的旁观者，老祖宗讲的自知者明，我们要学会跳出自我看自己。记录时间是血淋淋的，很多人面对不了，一开始都很难接受。因为在内心深处每个人都认为自己是高效的，认为自己的时间都花在了有价值的地方，事实上，时间记录让你把自己的最后一块遮羞布都给撕开了。

这个过程非常痛苦，但你只要想记录时间不是为了批判自己，而是为了觉醒，为了更高效地利用时间。这种自我反思对自己是一种很好的修为。

当一个运营专员变成了运营主管时，当一个打工者变成了老板、变成了一个创业者时，当一家夫妻店变成了 10 人以上的小公司时，一定要切实地监控自己和管理自己，把自己率先按到砧板上观察一番，然后找到那些能够做出改变的关键地方。

只有这样你才能知道自己的时间都去哪儿了，自己在什么事情上面浪费了太多的资源和精力。空耗时间，是一种最大的资源浪费。

这个时候你就可以找出最高效的时间段，处理最重要的任务。剩下的是一些简单的方法，就是你认为什么是重要任务，什么是你要解决的，你才能有大段的时间用来思考和规划。

自我管理，也就是在管理自己的动机，一定要为你当前所做的工作找到动机，每天早上叫醒你的要么是闹钟，要么是梦想。做自己想做的人，我想没有什么比虚伪更让人难受了。

电商管理只有三类事情

对于每一个想要高效工作的管理者来说，你要对工作和生活中的三类事情有充分的认识和考虑：

一是你完全无法影响到或管理到的事情。比如天气、人民币贬值或升值、淘宝搜索规则变化、天猫提高收费，这些事情你完全控制不了，对此你所能做的回应就是积极去面对，你要修炼的是面对这些问题最后的选择权还是在你的手中，就好比《中国合伙人》中所说的，如果额头终将刻上皱纹，你只能做到不让皱纹刻在你的心上。

二是必须依靠他人的事情。这些事情不是你能决定的，但你可以通过积极的努力去说服、影响他人，使得他们的行为和结果能够贴近你的意愿，但是你也无法强迫他们。例如报名上活动，你要求团队做的事情，你要求孩子做的事情，你要求亲人做的事情，你要求小二、合作方做的事情……对于这些事情，你要修炼的还是自己的说服力和影响力，有难度。

三是你自己能绝对控制和管理的事情。你要努力做到最好，比如你要中午吃饭还是吃面，你要选择什么时候看书、什么时候运动、什么时候完成任务等，这些事情才是你自己要去面对的，也是难度最低的。

对于这三类事情，高效人不会在第一类事情上浪费时间或影响自己的情绪，浪费多余的能量，他们会积极正向面对。举个例子，有一次“双十一”我们被取消了资格，有的店长就开始自暴自弃，这种情况对我们来说就属于第一类事情，所以只能积极面对，而很多人牢骚满地。最后的结果其实也是非常令人满意的。

相反，我们要将自己能控制的事情做到最好，努力提升自己的影响圈和感应圈，才能不断缩小第一类事情所占的比例，扩大第三类和第二类事情所占的比例。

柯维在《高效能人士的七个习惯》中说，我们一生当中就是不断扩张自己的影响圈和关注圈的过程，也就是扩张第三类和第二类事情。很多人之所以不够高效，做事纠结，是因为他们搞错了方向（如下图）。要从关注圈出发，从第三类事情出发，逐步扩大自己的影响圈，从而能做好第二类事情，最终做好第一类事情，你就能坦然处之了。这也就到了禅宗的所谓了了分明，如如不动的境界了。在修炼内心上面，我们都才刚刚开始!

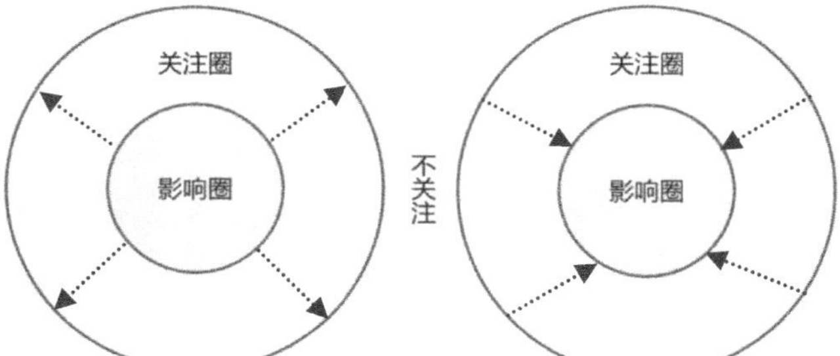

自我管理和减肥非常类似，很多人都想减肥，都想有漂亮的体型，也都清楚要付出什么样的代价才能做到。但大家都不愿意立即开始行动，要么期待某种技巧，要么期待某种工具或药物，从而轻松保持体型，这就是为何减肥产业这么发达的原因。我身边很多减肥成功的人士，都是经过四、五年的努力达到的，这种改变是一天天发生的，不是突然一下子到来的。看起来世界上的事情也都是要靠时间的，比如财富的积累，以及个人的能力、影响力、声望、地位、人脉、知识、健康等，没有突然一下子从天而降的。

我观察到电商人特别喜欢一步到位，喜欢武侠小说里所讲的找到一本秘籍，遇到一个高人，然后自己就变成了高手，这其实是对金庸小说的误解。大家看看，那些得到速成方法的人物，哪个有好下场，哪个是大侠，比如周芷若、梅超风等，真正的高手都是修炼出来的。看小说心不正，看出来的东西也不一样，更何况做事情，又回到文化章节中讲的底层基因上面了。本质上就是存在侥幸心理，而背后的逻辑就是相信自己可以成神人，同时也相信有这样一位神人存在，能够解救自己。但凡有这种思想的都活不太久，公司也一样。

我们说管理要简单化，然而简单对于我们来说是莫大的奢侈品，简单往往意味着大代价，LESS IS MORE（少即是多），意味着巨大的放弃，它能让我们从混乱中脱离出来。《断舍离》一书表达的就是这种核心思想，不需要的东西都收拾好、处理好，混乱只会让自己更累，累就是能量乱挥发，而简单能够让自己能量聚焦，从而保持精力充沛。

健康是玻璃做的

管理好自己的时间之后，还要管理好自己的健康，世界上最珍贵的就是这两样东西。朋友圈里经常出现年轻的电商从业者得绝症或者猝死的消息，可能大家都觉得这离我们很远，但你想想即便是重感冒，那种什么都做不了的状态，最少持续一个星期，我们也都极为痛苦吧。

所以，自我管理的第一条是管理自己的时间，第二条就是管理自己的健康。

我们常常说健康第一，没有健康其他的东西再多也没有用，可很少有管理者真的重视健康管理，你看看自己每天有多少时间花在健康上面。归根结底，还是存在侥幸心理。

健康是所有的基础，这不光是对自己来说，对于团队成员也是一种示范，无形之中也在鼓励每一位成员照顾好自己的身体。但是大部分人都不重视，我们想象一下，一个三天两头感冒的管理者，大部分时间都病怏怏的，请问还有什么精力能够管理好团队呢？

我自己就是这样的体质，压力一大，就容易感冒，也容易被传染到，说到底，就是我花在健康上的时间太少了。锻炼，也是一种毅力的表现。

我特别佩服的是李嘉诚，不是因为他的财富和地位，而是他 90 多岁了还有那么旺盛的精力，这必定是持续的积累。你认为自己忙，抽不出时间，请问你有首富忙吗？你有他事情多吗？没有，你就老实去锻炼吧。我们的身体不会越来越好，只会越来越差，所有年轻时欠的健康债都是要还的。

健康是玻璃做的，碎了就补不好了！

其实不用管理电商团队

管理好自己的时间、健康，做好管理自己的前提，我们才能更好地管理团队、管理业务。

管理别人，就是大家意识中的管理。世上并没有万能的管理方法，所以找到和自己商业目标方向一致的管理方式，才是最重要的，并不是所有公司都要抄袭阿里模式，都要学淘宝的管理方法，到处是 KPI、价值观、“271”，这些管理工具要用到自己的团队中需要合适的土壤，没有合适的土壤就是个笑话。

我们自己在做电商的过程中不断碰钉子，逐步暴露问题出来，也在不断地改进，我认为电商如果是零售属性加品牌属性的话，那么所有的管理就要按照零售模式来。比如你做的是服装，那么服装行业的管理方法和工具就可以先拿来用，看看对标的服装企业有哪些，可以学习和借鉴；如果你是做日化用品的，那么就看关于日化用品的管理方法。也就是对标到自己所在类目的公司进行学习，不断修炼，从根本上说，电商公司和传统企业的差距是非常大的。

无数公司的血泪教训，只有一句话，那就是，**多花一点精力在招聘上。这是管理的第一要务。**

这是管理工作的第一步，请在招聘员工方面投入更多的精力、付出更多的努力。在招聘网上打打广告之类的招聘，已经太 low 了。

可以这么说，大多数公司都是反过来做的，招聘的时候没花时间、没有标准、没有准备，指望通过制度、通过管理来完成，这就是浪费资源。

虽然上一章中也提到过关于招人的问题，但鉴于这个问题的重要性，这里再重新提一下。很多卖家朋友会抱怨公司小、地方小、招不到人，说起来都是泪水。如果你作为运营总监、老板，老是在想自己的地方小招人太难了，都没人来面试，这就是你自己的问题，想想韩都衣舍起家于山东一个小城市，三只松鼠起家于安徽芜湖，如果你认为招人就是靠在网上打广告，那奉劝各位赶紧洗洗睡吧，活该招不到人。

每个公司都会经历一个从“屌丝”到“高富帅”的过程，在前期公司主要以感召为主，你要想想，假设你是员工，你为什么到这个公司来呢？这个公司有什么能够吸引到你呢？

公司的工作环境、文化、福利待遇等都是实力，要不就交心，要不就靠个人魅力，招聘有100种方法，而你却只用了一种，那就是靠网，然后就是等，那可不就再没有然后了吗？就拿做电商来说，如果有人问你，我现在产品都上传到网上了，标题、价格页面全部都弄好了，为什么就没有订单呢？我想，你一定会骂他，你傻啊，这样马上能有订单，那不是人人都发财了。既然电商都是这个逻辑，那么招聘难道不是这个道理吗？指望等、指望网站、指望简单的发布，这样要能招来人可不就是天真嘛。

不同的人，请用不同的招聘方法，用不同的招聘渠道。

这个简单的原则，我们也往往不会区分。招聘不同的人需要用不同的方法，招聘不同的岗位也要有不同的招聘方法。请问，招一个运营和招一个客服能用一样的面试方式吗？招一个客服主管和招一个售后能用一样的方法吗？

很多公司大致都是通知面试、填表格、等待、面试、等结果这样的流程，可是对于公司的核心层或者高级人才的面试就不能这样了。

招聘不同的人其方法也要不一样。对于基础员工的招聘，比如基础的电商人员，如果你认为主要集中在客服、打包等方面，那就错了。大家往往觉得基础员工是公司中最不重要的，实际上这些人才是公司未来的中坚力量，要在业务中给他们足够的上升通道，要不然现在的“80后”“90后”谁和你一起玩呀。

对于中高层的招聘，当然要复杂一点，不过也不外乎在基础能力之上增加一些内容，我们曾经搞过很多条条框框，最后发现都不够有效，最有效的就是味道对了就 OK。我想这就是一种感觉吧，属于人以群分，物以类聚。

基础员工的能力，主要包括基本的胜任力、社会形象、热情还是冷漠、容易相处、好奇心、人脉、智力、韧性、抗打击力、创造力，这些就是基本的职业品质，要用系统的方法进行测试，多通过细节来了解。现在口若悬河的人太多了，细节是看一个人能力的最好角度。

我们要重视经历坎坷的人、默默无闻的人和个性张扬的人，有了成员之后才有团队管理。团队管理又可以分为内部管理和外部管理，内部管理就是所谓的管人、管事、管钱中的管人，而真正的管理我认为应该是外部管理，也就是对团队所处的综合环境因素的管理，这恰恰是大家忽视的。

高效的电商团队需要清楚团队的能力边界、竞争者、公司目标、资源支持、运营状态等。我见过很多传统企业里的电商部分，大多数都是被这个体系拖死的，电商团队最重要的外部管理没有做到位。

电商公司的所谓高层，也就是运营总监、设计总监、物流主管、客服主管等。所有和电商模块相关的人员都是所谓的高层，也就是核心团队。我们成立一个电商团队，往往是先有一个关键点，然后再慢慢扩散开来，几乎很少有像雷军一样的一上来就是梦之队的这种打法。

大家所认为的管理，可能就是狭义的管理，也就是所谓的内部管理，这才是电商团队内部成员之间的管理。

团队管理需要分工，为什么要分工？两个原因：一是每个人的时间有限；二是可以让专业的人做专业的事，从而越来越专业。

“80 后”“90 后”这一代人都喜欢玩游戏，可以说不懂游戏，你就不懂现在的年轻人如何管理。就拿 WOW（魔兽世界，一款大型的网络角色扮演游戏）来说，里面有很多需要多人组队打的 BOSS（没有玩过的自行脑补吧），一般需要 25 个成员，如果你要打败大 BOSS，需要分成几步。

首先是招人（和团队招人很像吧），比如要装等、经验、看成就；其次是要分职业，比如要两个坦克、5 个治疗，治疗又要分 3 个单刷、2 个群刷，以及 18 个 DPS，也就是伤害输出，又要分 5 个近战输出 10 个远程，还要招 5 个替补，防止有人掉线，或有人中途退出，一共 30 个人。这么多人分工合作，大家一起打，才能打败大 BOSS。另外，要公平分配，比如这个 BOSS 不会掉落自己这个职业可以用的装备，你就要把他换出去，为何？两个原因：一是他没有需求，容易划水（磨洋工，出工不出力）；二是浪费坑位，掉落的装备他有了，是一种最大的浪费。团队中所有人的最终目标，就是希望通过大家的努力打掉 BOSS，可以有机会拿到自己想要的装备。

游戏看起来很无聊，其实和管理的道理是一样的，尤其是现在“80 后”“90 后”的游戏一代，他们的文化本身就是建立在游戏文化之上的，所以用游戏的方式管理就变成了主流管理，谁让他们是公司的主流成员呢？你还用以前管理“70 后”的方法，必然会形成冲突，这就是种种管理问题的根源所在。在游戏时代，年轻人的主流游戏又从魔兽世界的 WOW 模式换成了英雄联盟的 LOL 模式，差别就是团队要更小，5 个人左右，自发分工，自由组合，小组作战，你看看韩都衣舍的小组制，我认为其实就是这种模式的实践样板，这也是非常有意思的，值得所有管理者好好研究。

能不能成功，决定性因素就是团长，比如有的团长能招到人，有的团长开团就招不满人，最后都散了，浪费时间；有的团长能够打过，有的就过不了，这属于团队管理和资源调度的范畴。对于团长来说还有很多准备工作要做，或者叫外部管理，比如要了解 BOSS 的所有技能、地图、走位、掉落的装备、什么好什么不好、适合什么职业、选择什么样的打法等，一点都不简单。

学生时代，没有钱只有时间，大家都是通过练习技法来提升能力的，后来工作了，没有时间，都用钱来解决装备问题，然而却少了很多乐趣，这是不是也说明了有钱就变坏呢？

最高效的管理往往是最简单的，比如一个团队有 25 人，5 人一个小组，人人都有机会获得自己想要的东西，每个人的利益都绑在一起，这才是最高效的。当然，有的团长还会有些微创新，做一些激励措施，比如 DPS（伤害输出）第一名奖励，最后一名扣钱，这就是简单、粗暴的赏罚记录。因为中国聪明人比较多，所以最好的团长都是好的管理者，能够把一群不熟悉的人组织起来。通过大家一个晚上的努力，打败了大 BOSS，很多时候带来的不是空虚感，而是一种酣畅淋漓的感觉。这难道不是所有电商团队追求的目标吗？通过大家的努力，完成了既定目标和任务，是不是很愉悦呢？

从游戏中走过来的这一代人，也应该用这种方式进行管理。对于每个团队成员来说，一方面可以提高某种专业技能；另一方面可以挖掘自己当团长的能力。当团队溃不成军的时候，一定要有一个领导像旗帜一样逆风起舞；而当团队沾沾自喜的时候，也需要一个人给大家泼泼冷水。归结起来就是，做好一切准备，面对所有突发状况。

大家相互配合并肩作战，不断练习，不断总结，这就是对新一代年轻人最好的管理方式。在新的时代下，对新的年轻成员，内部管理工具还真不能用那些老古董了。

说说目标管理

在管理中最重要的一是结果，二是过程。结果和目标之间往往会有差距，有的超过目标，有的没达成目标，理论上没有刚刚好达成目标这种状态。而过程就是拿到结果的整个过程，人们常说没有结果的过程是放屁，没有过程的结果是垃圾。这句话就说明了管理其实就是管过程和结果。

在执行之前，有一个前提就是授权。我们常说授权要充分，那什么是充分授权？比如你让小王负责整个聚划算活动，授权是你把这件事情交给他来做，结果由他负责。那充分授权就是你在交给他的同时，把所有可能的操作、问题、流程全部交代清楚，然后看他发挥，同时给他相应的调度权和资源。光有一个任务和结果不叫授权，那叫指示。

通常意义上的目标是，这次小王负责的聚划算活动要卖10000个产品，完成10万销售额。而目标管理是基于这个目标要做什么样的准备，是这个目标分解下来小王能够影响到的事情，比如他可以调整入口图的流量、点击转化、活动客单、全店转化率，这些是他的实际行动目标，这些行动才会促使完成销量目标。所以好的目标管理，就是已经知道大概的目标通过什么样的努力一定能完成，而不是只有一个干巴巴的销售数字。

大部分电商公司的充分授权只停留在派任务上面，真正的充分授权即充分沟通，沟通的是目标，沟通的是过程。目标管理是可控目标管理、绩效考核，是可完成的绩效，而不是拍脑袋的绩效。完成的结果就用绩效这把尺子去衡量，绩效只是一把尺子，它代替不了管理。

这里引入目前流行的精益创业的方法论，姑且就认为是精益管理的方法论吧。电商公司最忌讳的就是一种死板的管理流程和管理方法一用很多年，这是管理效率低下、最要命的毛病。精益创业的方法论的核心观点就是认为世界是不确定的，我们对待不确定的人、环境、市场就要用不确定的方法，同样的团队管理也要用不确定的管理思想。

比如你目前做淘抢购活动，每做一次就要升级一次，它的规则、上淘抢购的目的、下一次什么时候上，以及用什么产品、什么链接、什么样的价格、什么样的力度，这些都是不断在变化的。当然，流量也会越来越切碎、越来越分散。比如你第一次上品牌团，不知道结果会成什么样，那就做一次调整一次。对于所有站内、站外的平台，你看看这些平台的流量情况、转化情况、选品情况，以及都是什么类型的人群、什么产品好卖、什么产品不好卖、什么客单最出量、什么客单最挣钱，这就是认知，然后根据这个认知再不断地调整自己的产品，最大化地复合这些需求。

未来的机会都在这些不确定的事情中，确定的事情本身就是一种稳定，如果竞争稳定了，也就意味着没有创业者的机会了。

所以一定要制定能够实现的目标，即使目标开始低一点，也要实际一点，应该在这些过程可达到的管理中多花一点时间，在不断提高认知的同时，也是积累一个个小胜利。这些小胜利积累起来就可以帮助你和你的团队培养起优秀的习惯，慢慢形成一种凝聚力和战斗力，从而迎来更大的胜利。

我相信坚持长时间的折腾、试错，不怕被人嘲笑无知、被人说笨，就是这样上路，不放弃，终有一天成功会降临到你身上，因为你已经尝试了所有错误的可能性，唯一剩下的只有成功。但是对于创业者来说，成功好像总是最后才到来。

我把这种思想的反面叫作好学生意识，就是那种聪明的学霸，好学生思考问题都是要求满分、要求老师改分反馈的心态。也就是说，他们做事情都希望有个标准答案，能够让自己知道什么尺子、什么标准，否则他们做事情就没有了灵魂。但事实上，大部分事情是没有标准答案的，很多问题都是在实际当中不断摸索积累失败经验，不断提升自己而已。因此，他们往往承受这种失败的能力和正反馈的能力非常不足，试错需要勇气，更需要积极的正反馈，这是一种改进当中的提升。

管理即沟通

韦尔奇说，管理就是沟通、沟通、再沟通。

这是一个很多知名管理大师都认可的真理，高效的沟通比什么都重要，充分授权就是沟通，开会也是沟通。在电商公司中很多人都认为会议太多了，简直就是浪费时间，有这时间还不如研究一下竞争对手呢。可我认为，其实不是会议太多了，而是高效的沟通会议太少了。

为什么要开这个会，以及要达到什么样的结果，大家都没有一个清晰的认知。首先在参会的人上面就要注意，要保障参加会议的人员都是和主题有关的，一次只讨论一个主题。其实开清晨站立会议就很好，所有人刚到公司，马上启动工作。但是如果大家上班的时间是弹性的，那么除非你规定好每天 9 点开会，否则会把大家的启动时间变慢，同时拖延大家的进度和激情，最后养成了每天必须要开完会才能启动工作的习惯，这就不好了。如果是这样，就安排在吃过午饭 1 点半左右开会，15~30 分钟就足够了。关于会议管理，推荐一本如何高效开会的神书——《罗伯特议事法则》，教大家如何开好会。

在沟通中往往有很多观点冲突、利益冲突、想法冲突、在管理上所谓的达成共识，不是说只有一种声音叫共识，而是充分结合每个人的意见，形成最后的沟通结果叫共识。这一点很重要，也是最难的。

每一次沟通会议都要以高效为目的，开会设置好时间，在这个时间内必须解决问题。会议的主题必须要和参加的人员都有关系，结束的时候必须要有一个解决方案，并且确认好具体负责执行的人选。很多团队都有耗时间的毛病，他们往往喜欢整体泡在会议室里、办公室里，企图用这种方式来解决问题，而不是停下来积极发动大家思考问题，然后实行 996 制度，不管有没有效，都要求加班。我认为这是一种天真，妄图用耗时间的方式去弥补思考力、认知力上的懒惰。这只是一种看起来的努力工作，其实是一种资源和精力的浪费。

沟通的本质是为了得到沟通对象的反馈，是为了创造共享价值。西方沟通理论认为，发现别人真正想要的是什么，然后找到一种合适的方法把其想要的东西给他们，这是沟通成功与否的关键。而中国人沟通是你要心里装着对方的利益，并且有本事让对方也知道。两者的思路没有对错，慢慢修炼。所以沟通不能只考虑沟通的内容，而忽视了沟通对象的特点。

数据管理和管理创新

数据是电商公司的核心武器，也是电商比其他行业更有优势的地方。从本质上讲，马云所说的未来是 DT 时代，在电商公司内部就可以明显地感受出来。关于数据在后面的章节中还会详细分析，这里只说说关于管理的部分。

比如公司的财务数据，当然不是指会计数据，它们不是给管理者看的，只是为了应付一些事情。财务数据包括公司各个时间维度内的销售额、毛利率、费用率等，作为管理者、项目负责人，首先要了解的就是这些数据，电商公司也就是零售公司，就要考虑这些数据，当然还有增长率、人力资源方面的数据等。

我们总是在强调电商公司要用数据说话，用数据说话最大的好处就是能够就事论事，做到真正地对事不对人，对事转化一下就是数据。

比如一个包裹破损了，通常就会有客服马上反馈到群里，然后大家说发货质量老是这样，上次也存在这种问题，反馈了很多次都没有解决。这个时候，作为负责人，你怎么看？后来发现这不是发货的问题，而是物流的问题，最后老板也牵扯进来，一上午都在讨论这个问题，但往往又不会有任何结果，下次依然如故，如何破？

其实非常简单，一句话：一切用数据说话！

作为负责人，要先把这个已经出现的问题，或者经常出现的问题让相关团队做好记录，以时间为单位，或者以万订单数为单位。比如这个月破损投诉一次，一个月或者一周，你看看破损率是多少，假如是 1%，进行比较之后，用数据向团队反馈，上个月包裹的破损率是 0.5%，这个月变成了 1%，升高了两倍，请有关部门注意。那我们的主管就会去分析，如何做到降低破损率，比如采取包装规范化，或者换箱子，或者更换或增加里面的填充物等措施。如果主管不会思考、不去行动，那么就是能力问题，要不然就是态度问题，这时你就要考虑换人了。然后继续跟踪数据，果然，包裹的破损率降到了 0.1%。但是新的问题出现了，包装费用上涨到了销售额的 2%，这又该如何解决呢？请相关部门给出解决方案，在维持现有破损率的情况下，能不能把包装费用降到 0.5%。这个时候，采购主管提方案了，说可以采取一次多采购多少盒，或者找人合作一起采购等方法，那么成本就能下来。这样的思路就把部门负责人的注意力集中到解决方案上来，最后的决策就是权衡，孰轻孰重，或者是短期或长远的问题了。

大家思考一下，如果从数据的角度出发，是不是就在不断地提高自己的能力，不断地配合各个部门之间的传递和协作，而不是像上面那样，一次次在同一个问题上不断地反馈、不断地交流。所以，从这个意义上讲，我是非常反对群管理制度的，人人都能发言的地方往往是最混乱的地方，健全的群管理制度就是信息的处理机制，就是任务的优先级制度，也就是选择制度，就是管理。

数据管理非常重要，所以把各个管理环节，或者说业务环节都变成数据，才能在 DT 时代有更好的发展。而且这种数据的客观性非常明显，也能避免很多管理者先决策，再找证据，因为这种理念往往会导致很多问题无法搞定。

管理创新，也是基于数据进行不断的管理尝试，这种创新需要大家一起不断地摸索。我非常反对经常去听课、听别人分享、看网上所谓的干货，本质上就是想走捷径，今天用这种方法，明天用那种方法，其实就是根本没有找到自己的问题。尤其是老板，更不能这样，否则渐渐地就会形成依赖，从而丧失了独立思考的能力。你可以有交际圈，可以交流聊天，你的思考和别人的想法碰撞出来的收获，我认为是最可取的。所以创新都是试错试出来的，是从经验教训中总结出来的，而不是天上掉下来。

最后上升到管理的高度，落实到前面几章介绍的文化管理、战略管理和组织管理上。虽然我人为地分成了文化、战略、组织、管理四个部分，但真的有人能分清吗？其实它们相互之间都是重合交叉的。这些其实都只是概念，我们不要死读书，而是要理解其价值。比如文化有管理文化、战略文化、组织文化；而战略有文化的战略、组织的战略、管理的战略；组织有文化组织、战略组织、管理组织。这些内容都是相互交叉不可分割的，只是我们用一些概念把它们独立出来，并不意味着它们就是本源。千万不要同“郑人买履”一样，非要指着概念理解而忘记了自己的感知力。

成为领导人

电商管理，其实就是知识工作者的管理。我们这一代人比较幸运，因为互联网的发展，直接从工贸一体型的管理体系过渡到知识工作者的体系，两者之间最大的管理差别就是多领导、少管理。这个时代也给我们提出了更高的要求，从成为一个优秀的管理者变成优秀的领导者。

管理者和领导者有什么区别？我觉得领导者是把没可能做成有可能的人，而管理者是把有可能实现的人。

我比较认同教练技术的九点领导力模型，它是一种能够把领导力说明白的简单模型。

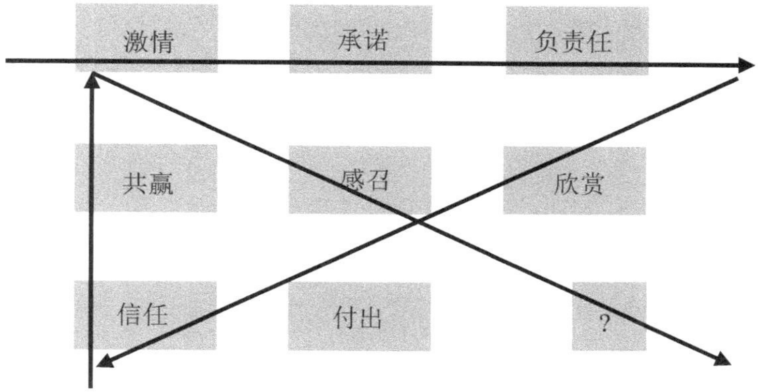

九点领导力模型

从激情（挖掘愿景）、承诺（设定目标）、负责任（制定策略），到欣赏（资源整合）、付出（贯彻执行）、信任（充分授权）、共赢（团队建设），再到感召（积极沟通），以及最后的那个问号，代表着可能性，代表着一种创新力量。整个领导力模型，是一种可以非常方便运用的方法。

作为一个企业，一定要从持久获得工作激情中来，这是本源，而愿景、价值观、文化是出发点。我们必须要形成一些质朴、简单、接近于人类的普世价值，所以这些内容就是创始人的修炼和修为，他们不是装出来的。

我认为凡是做得非常大的企业家，在做到 1000 万之前，可能是为了赚钱，但过了这个坎儿之后，肯定不是，而是有很多其他的追求在支撑着他们。你应该问问自己，“如果我现在有 5000 万现金，那么接下来我最想做的事情是什么？”肯定不会是去马尔代夫晒太阳，然后晒到死，也不会是玩 LOL 游戏一直玩到死，或者是天天和美女一起吃小龙虾……这些都不会是最重要的事情，因为其激情持续度非常低，可能就几天时间。

李嘉诚 90 岁高龄了还在工作，马云已经是中国首富了还在工作，王思聪都是中国最富、最牛富二代了，还在把自己变网红，还在不断地做投资。持续保持激情和动力，你不会为充实的生活伤脑筋，你只会为无所事事而焦虑。

电商卖家们除了赚钱以外，还有很多事情可以做。多么宏大的理想就不说了，至少我们可以为自己在做的这个类目、这个行业做一点贡献吧，让行业更健康发展，让消费者更满意。很多卖家都在说自己的行业做不下去了，毛利越来越低，竞争激烈，那这个结果是谁造成的呢？大部分是我们自己吧！

公司、行业、社会等优秀的文化还是要传承，要有核心价值的体现，这些都要落地到行为上。举个简单的例子，很多电商公司还是要打卡上班，但是其价值观倡导的是信任。这就是说一套做一套，打卡其实就是对员工不信任的行为，如果你真的信任每一个团队成员，又何必要打卡呢？在移动互联网时代，如果你还在一个需要打卡的公司上班，那么请马上辞职吧，因为有极大可能这是一家没有前途的公司。

管理上的思考，就是要思考变化，思考什么是要持续的，让文化传承，什么能够服务好我们的内心，什么可以简化，少即是多，放弃什么，比做什么更加重要。

说到底，人的问题是最重要的，学会倾听来自于内心和周围的反对声音。之所以否认一些想法，是因为它们是错误的，还是仅仅因为它们与你所习惯的看待世界的视角不同，一定要把这些虚层面的东西落实到一件件具体的事情上，落地到一个个行为中，不断地积累，加入时间的因素，你才能在未来有很好的发展。

领导者，只站在未来，做当下最重要的事情。

管理的最后都是要向内看，从自己的身上找原因。经营之神稻盛和夫提过《领导者的十项职责》，我们可以共勉，在修炼个人的领导力上，每一个管理者都应该孜孜不倦地追求。

不要忘记最重要的电商知识管理

我们经常讲要打造学习型组织，也就是着眼于未来，这就需要团队不断地学习提高，而不是以当下的能力去推导结果。学习力的提高，其实就是认知能力的提高，我们要变得越来越能够看懂这个世界。

基于学习型组织的配套体系就是知识管理体系，这套体系就是要我们能够有调整和突破，整体管理就是不断地从做事情的角度出发，去整理各种类目知识、各种产品知识、用人知识、管理知识。

说到知识管理，就不得不说一个管理方法叫“复盘”。这是一个围棋术语，意思是两个棋手对弈结束之后，进行模拟演绎，分析自己哪里下得好，哪里不好，对手当时是怎么思考的，自己是怎么想的。这是一种提高技术的最好方法。

这里要强调的是，在复盘之后，我们应该整理出来反思的结果，以便所有参与的人都能有所提高。这就是知识管理体系的重要性。

认知大于一切。积累团队内经验，回顾目标和过程，反思原因，探究规律，提升能力，改善认知。

大部分电商公司是没有知识管理的，这就导致其一直在消费知识，而不是生产知识。这也是为什么各种电商圈、电商培训、电商俱乐部如此盛行的本质原因。学习别人的经验多数时候是好事，可时间长了会造成依赖，然后丧失了生产知识的能力。

有关业务的，比如客服团队的产品知识体系；关于管理的，比如新任主管要处理的事情、发货流程管理、所有重大会议的会议记录和讨论；关于总结的，比如去年“双十一”的整体分析……这些内容都需要归档梳理。

不过，不要把知识管理变成文档管理。知识管理是一种组织方式，不是一种管理工具。

举个实用的例子，大部分公司都有内部学校、商学院，这是被证明的一种非常有效的知识管理方式。很多公司办内部学校是用行政命令，刚开始大家学习力很强，但时间长了，效果就不好了，要么学习不够彻底，要么学习动力差。这就是行政命令的结果，大家是为了学习而学习。

但是，内部学校是知识管理重要的一步，也是业务发展最好的扩散器。所以，从一开始就要求一定要用商业化方法去办内部学校。它是一个独立机构，财务独立核算，最好能够做到盈利，初期可以用投资的方式，允许有一定的亏损线。首先，所有的讲师都要有讲课费，讲师可以是内部的，也可以是外部的，可以是行业内的，也可以是跨行业的，这就让讲师资源变得极其丰富；其次，来学习的都要收费，从几十块到几百块不等，这些学费都要成为学校的收入。这样运作之后，你会发现之前运营的问题都解决了。

所以说知识管理是一种非常重要的管理方式。每个公司可以根据自己的实际情况，思考如何构建符合业务的方式。这是一种非常有效的成长方式。

不以产品为导向的电商都是镜中花

质量并非是产品或服务的提供者放进去的，而是顾客从产品或服务中得到并为之付费的。产品并非质量，因为难以制造且很费钱，如同制造商通常所相信的。这想法不合适。顾客只愿意为那些对他们有用，且给他们价值的东西付钱。除此之外，没有其他的东西构成质量。

——彼得·德鲁克《创新与企业家精神》

产品不光是指你卖出去的东西，还包括你传递的信息内容或者能量，我们应该用大产品的视角看电商环境中的方方面面。每个部门、每个团队、每个公司最需要时刻问的问题是，除了我们的客户是谁，就是我们提供了什么样的产品客户愿意埋单。除此之外，其他的问题都会迎刃而解。

——本书作者观点

扩张业务有两种方式：列出你所擅长的，然后从你的技能开始扩张；或是明确客户的需求，然后倒推所需的工作，即使需要学习新的技能。

——亚马逊创始人，杰夫·贝佐斯

“六大实”之首

前面 4 章和大家分享了我对文化、战略、人、管理的理解和感悟，不一定都对，因为不同的创业者会有不同的理解。我把它们叫作“电商四大虚”。我觉得往往越虚的事情，越具有通用性，也越容易被忽视。不光是电商创业，基本上创业领域都需要对这些创业基本面进行修炼，这就叫虚事实做。

讲完了虚事，接下来几章就给大家分享一下实事。实事虚做，只有虚实结合，才能做得持久。做电商首先是创业，底子不好是不会有好结果的，所以前 4 章都是在讲底子和里子的问题。这个往往比较枯燥乏味，因为需要修炼，而且时间一般比较长。

实事部分，主要分产品、设计、服务、营销、渠道、系统和数据，把系统和数据算作一个部分，一共是六部分，我把它们称为“电商六大实”。其实本质上，设计、服务也是产品，渠道也是营销。

产品就是第一位的实事。为什么说不以产品为导向的电商都是水中花、镜中月，中看不中用呢？

早年开淘宝店的人都知道，核心就是“货源”，这其实就是开店类电子商务的核心——卖货。从某种意义上说，我们和各个平台进行着这样的分工：它们负责搞来流量，并根据一定的规则进行分配；而我们负责承接流量进行转化，卖货和提供服务，其实就是产品。广义上的产品包括很多方面，设计、服务也属于产品，现在大部分微商的内容生产也属于产品。狭义的产品就是货品，或者说是货品的能力。

拿淘宝来说，其流量分配机制就是基于产品的数据化，然后考量大家的变现能力，能力好的自然排前面，资源更多，能力不好的就往后排。产品会通过数据化的指标反映给平台，平台再进行分配和匹配。总结起来就是一句话，让那些卖得好的产品卖得更好。这就是产品对商家的重要性。

从理论上讲，寻找分配和匹配的最优解就是平台的终极目标，所以平台要考核商家的核心内容就是货品能力。如果你能拿到具有市场价值的稀缺货源，平台就会给你资源；反过来，如果你的货满大街都是，又没有市场价值，平台就会弃你而去。所以要求大家加强货品能力。

有人会问，为什么现在淘宝、天猫开始推红人了？其实红人产生的内容、所做的一系列活动、与用户的互动、给平台带去的流量，就是最重要的产品能力，与货品能力一样，是内容产品的能力，所以还是产品。同时这个核心内容的创作，需要其他能力，这不是本书探讨的内容。

在“六大实”里面，之所以说产品是第一位的，就是这个道理。没有产品，后面的营销、服务等做得再好，也只是在浪费钱，或者效率低下。所以对于产品重要性的认知，一定要提高到一把手负责的高度上来。你看看现在成功的电商公司，基本上都是产品出身，所以说产品能力是核心能力。

那么如何提升产品能力呢？

这是个好问题，我们一起来思考。

产品能力就是选货能力

对于大部分电商公司来说，这个问题可以再缩小一下范围。其实我知道，很多人本身是没有设计货的能力的，造货能力就更不用说了，也不用羞涩，其实在这个资源供给远远大于需求的时代下，公司内部有没有设计货的能力、有没有造货的能力都没有关系。对于货品能力来说，这两项能力其实根本不重要，最核心的能力其实是选货的能力，简称选品力。

为什么？我们来看，只要选货能力足够强，其他的能力都可以通过一定的方法整合到。所谓选品力，就是知道自己卖什么效率最高、选什么产品、定什么价、能卖多少、能赚多少、会亏多少。怎么还有会亏多少？是的，你要知道会亏多少，付出的代价总会有回报，这也是一种选品力。即便你有自己的产品设计开发部门，其实也需要选品力，因为开发出来 100 款或者 200 款产品也要从中进行选择，不会全部都要。所以从根本上说还是选品力大于一切。制造能力，或者说整合制造能力，那是高阶的供应链管理玩法，这个内容就不展开介绍了。

从货品的流通渠道中也能看出这个价值点的重要性。有人说 1688 是批发，淘宝是零售，其实现在淘宝上也有大量批发存在，天猫上也有，所以阿里巴巴才会慢慢弱化 1688 的概念，弱化阿里巴巴 B2B 业务，尤其是国内的批发业务，因为很多产品都可以在淘宝上找到，问题是你要找什么，以及怎么找到，这就是选品力的范畴。

你是不是发现了其中的问题？在淘宝上采购的东西，还在淘宝上卖，而且居然卖得很好。这就是选品力的逻辑，如果你能拥有某个品类的这种能力，那么你的电商创业成功的概率就直线上升了。

所以，对于如何提升产品能力的问题，就可以缩小范围，变成如何提升选品力的问题。对于这个问题，你是不是已经有点想法了？比如你做男装，那么最主要的是不是要知道客户今年夏天会穿什么样的款式，什么产品会比较好卖，根据数据、流行趋势、面料得出很多不同的款，然后测款。关于如何测款到了后面营销层面再说。

脑补一下，以前假如你到店里面买衣服（老板娘亲自看店），你一进去，老板娘就开始用眼睛“扫描”你——扫描你大概什么身材、什么年龄、什么职业、有多少钱、买得起什么价格的衣服，然后脑子里面迅速匹配自己店里什么衣服可以推荐给你。这个过程其实老板娘只需几秒钟，就可以判断出来。然后给你选了上衣，你穿上果然是自己喜欢的款式；接下来给你推荐裤子，穿上非常合适。最后你就乖乖地掏钱，如果你还不情愿，就送你一条围巾或帽子之类的，是看你长得比较帅的份上（其实你知道不是，而是看在钱的份上）。想想这个老板娘的产品库足够丰富，理论上她几乎可以抓住所有的客户，或者至少成功率非常高吧。那换到网店是不是一样的道理？你从很多人当中先选好一类人的服装需求，然后用高超的选品力去满足这部分人，那么他们是不是会越来越喜欢买你的东西，除非换风格了。

所以说提高选品力是对两种能力的提升，一是对所选择的客群进行理解，即这是一群什么样的人、他们在做什么、有什么收入、喜欢什么等；二是精选产品范围，尽可能从各个渠道掌握更多的产品备选库与之进行匹配。简单一句话，就是要尽可能多地接触客户，尽可能多地接触市场，慢慢提升选货能力。

顺便展开一下话题，说说阿里的聚划算吧。知道历史的老一辈电商人非常清楚，聚划算之所以会迅速发展起来，最重要的原因是有一群小二在人工审查产品，他们的选品力很强，虽然每一次推送的产品不是很完美，但基本上都是被证明了的畅销款。问题很快出现了，就是这种选品模式容易滋生腐败，后来变成机选，用无比复杂的算法，一审、二审、三审，结果就是把选品这么主观的事情变成了机器化。而机器化最大的问题就是只认数据，它不了解人性，不知道什么叫个性、什么叫差异化，结果是腐败少了（也只是少了，你懂的），却变成了通路货的场地。所谓的通路货，就是不出彩、普通的可以卖的产品。

甚至一度通过竞拍，不知道是哪个天才小二想出来的，要么价高者得，要么拼人品，好端端一个平台就这样变成了通路货的坟场。同样的悲剧，也发生在淘抢购中，这是个看起来无解的问题，深入分析，发现其实就是聚划算自己的定位和战略问题。聚划算本来是从团购的概念中做起来的，其本质上应该是一个封闭的闪购平台，主要是做商品筛选，为所有聚划算用户节省挑选时间。这个平台的核心能力，必定是选货能力与货品组织能力，尤其是时节类产品，完全可以打造成最大的首发平台。可是，如果没有人对选品负责，只是让机器负责，这样的平台就没有了个性化的意义，充其量为聚划算频道版的搜索，搜索不就是按照各种机器的数据得出来的结果进行排序吗？选货能力，可以用机器来辅助，但决策还是要人来做。

扯远了，再回到商家自身的选品力上。选品力主要体现在“选”字上面，就是选择、抉择，有选择就要有取舍，我认为更重要的不是取，而是舍。舍得，先舍才有得。那么舍的依据是什么？最根本的就是你想做成什么样的初衷，或者说初心。凡是有悖于这个初衷的统统删掉。比如要做服务于全中国左撇子用户的工具产品，你的初衷是让他们的生活更方便。这就是你的刀，可以砍掉所有和这个初衷无关的内容。

说“初心”内容太虚了，其实大部分人也根本不知道自己的初心是什么，实际一点说就是定位。还不知道定位理论的读者请自行查阅、补课吧，这个理论是美国人提出的，市面上有很多讲这个理论的书，有时间的朋友可以找来读一下，但最重要的是在看书时脑子里要始终有一根弦，也就是定位理论的核心就是“以强胜弱”。

怎么理解呢？我最倡导的思维是“优势思维”，在竞争层面就是“以强胜弱”。这个世界是概率的世界，所谓的小概率事件其实很少会降临在我们头上。比如什么都不干，突然买个彩票中了大奖；比如一个草根一无所有，突然富甲天下；再比如被神化了的马云，你要想想马云在成名之前都做了什么。历史上从来没有以少胜多、以弱胜强，都是以强胜弱，区别就在于你选择在哪个方面或什么战场上进行决战。

这可能和你的观念差别太大，大部分人理解起来会有障碍。比如赤壁之战，看起来是以少胜多，孙刘联军人数 10 万不到，曹操 80 万大军。孙刘联军是弱，但他们大部分是水军，都是在长江边上长大的，而曹操这边最懂水军的蔡瑁、张允已经被杀了，而且孙刘联军还有东风可借，利用火攻，单就这几点，你说是 80 万陆军站在火里面打仗强，还是 10 万顺风水军强？这笔账很容易算吧。如果仅仅是比人数多少、比注册资本、比公司营收、比公司人数、比客户数等就叫强弱，那么这个世界上就不会有那么多创业故事了。

我们所讲的聚焦、专注、集中都来源于定位，来源于在局部区域找到“以强胜弱”的地方，这就叫“优势思维”。

那如何能够提升产品能力，也就是提升选品力呢？

要运用优势思维，多接触客户，多接触产品市场，选择或创造自己最

强的领域，形成核心选品能力！

这就是我理解的答案。为什么呢？因为在没有足够的本钱、没有百万雄师、没有全部的货品能力的情况下，最聪明的策略就是在一个“点”上创造出无与伦比的强。你要让世界在你喜欢的地方来玩游戏，做大不会就做小，做小不会就做少，做少不会就做高，做高不会就做重……直到找到最强的。

从这个思维角度再来理解雷军的七字诀“专注、口碑、极致、快”中的专注，是不是会有更深的理解？

所谓专注，是在一定的条件下，创造一个自己的优势场，基于这个优势场做出口碑，然后创造极致，快速抢走胜利，快速复制。比如一个价值400亿美元的公司，当然可以做更多的事情，开辟更多的领域，在每一个领域里面都是专注的，都是以强胜弱的。在电商销售市场竞争力上，小米在最核心的维度上都做到了以强胜弱，就是一场屠杀。

在互联网时代，你的产品需要突出，并不是你自己认为的优势就是优势，而是取相对优势的最大值，也就是与其他竞争者相比你的优势点，只有首先找到这个差异点，然后专注、集中、聚焦，你和你的产品才有可能快速地成长、成熟起来，才有可能实现极致，才有可能创造出强大的价值。

找产品定位的过程，其实是内心抉择、纠结的过程，是做减法的过程，是找自己独特位置的过程，也是一次客观上自我认知的过程，是自己在有限条件下寻求最优解的过程。正如前文所讲的，大部分淘品牌不光在文化上冲突，在业务战线上也实在是太长，难以集中做透一件事情，更何况做透最重要的一环“产品”呢？

产品差异点

核心选品力，就是寻找差异点，在自己熟悉的地方，用自己最有优势的方式，干掉对手。开店类电商的本质就是竞争，既然是竞争，那么获得胜利就是目标。

在找产品差异点的过程中，我认为有三个重要原则：

- 原则一，要与大部分竞争对手不同；
- 原则二，要抓住目标消费者的痒点；
- 原则三，要基于自己当前条件下的最大比较优势。

这三个条件要同时满足，才是好的产品差异点。这看起来简单，实行起来其实非常难。下面我按照小卖家、中卖家、大卖家、超级大卖家四类商家给大家展开介绍一下。

作为大部分小卖家、夫妻店，我建议做越手工、越没办法量产的东西越好，越能够针对每一个客户的订制越好，比如在包装、用料、服务、快递、页面、广告等方面都可以订制。因为小、订单少，就可以个性化，这是最大的天然优势，大卖家或者大公司根本没办法做到这一点。所以对于衣服、收纳、饰品等越多手工越好，千万不要一上来就做标准化、规模化，那个维度还不是小卖家现在玩的，只有这样才能增加自己存活的成功率。举个例子，我以前一直在关注一个店铺，叫“一个妈妈的被子店”，一个退休妈妈卖手工羽绒被，店铺是女儿打理的。年销售额达几千万元，为什么？因为手工可以定制，每一床被子都可以个性化，同时也有大家对母亲形象的信任感，就是因为这个差异。你让罗莱、富安娜手工做床被子试试？

他们就依靠这个集中优势，所以不用在量上取胜，不用去追求规模效益，就在质上深挖，也就可以在手工羽绒被这个领域做到第一。对这类卖家我多说几句，千万别在这个阶段学大卖家的玩法，谁学谁死，而且很多人还停留在所谓的分销、代发货阶段，这更不是长久之计。如果你真的想做一份事业，那么就听君一席劝，按这三个原则好好想想自己的差异点。

经过小卖家的沉淀，很多人变成中等卖家，或者说是腰部商家。也有很多传统企业一开始就处于这个阶段，因为他们的能力很快可以达到这个层面，但大部分停留在这里没办法突破。为什么？因为这个位置其实有点尴尬，比上没规模，比下不灵活。所以我认为这个阶段要有一定的制造或产品研发能力，在产品线上可以尝试一部分采购，一部分自己开发设计。这个时候可以在一些通用产品上做些修改、修补，比如加上某个功能、使用新的面料、简化某个功能，若是食品则可以在克重、包装、名称等方面做很多不同的修改。千万不能采购回来就直接开卖，尤其是标品一定要做正向修补。比如同样的款，你可以修线头修到一个没有，或者承诺都是洗过的衣服（也就是已经做了一次挑选），保证你的店里面的产品都是精选的，这样都比低价好太多了。因为没有人愿意买一堆垃圾回去，你就是在为消费者节省时间，赚他们为节省选择时间所带来的钱。

再说说大卖家。这个位置一般处于类目前茅，但还不是最 Top 的一拨儿。说句实话，其实这个位置是最尴尬的。最大的缺陷就是没有知名度，很多都是在产品拼价格和拼流量上来的，其产品定价几乎没有溢价能力。比起超级大卖家来说，其规模没有，知名度没有，资源倾斜没有，采购谈判议价能力没有，零售价格毛利又没法提高。所以只能在产品上做出取舍，就是只做其中一种或一类产品，其他的产品全部都是围绕这个点展开的。同样，可以在超级大卖家不重视的环节中取胜。比如服装市场中的爱肯牛仔、化妆品市场中的手工皂，图书市场中的高中教辅等，这些领域有个共同的特点就是类目不大不小，但没有品牌识别度，超级大卖家又不够重视，所以可以发挥最大的优势，即灵活、少而精，可以量产、采购、自主设计，而且越是大的卖家越可以引领单一小类目的潮流。我们在这个维度上就可以积累实力，寻找机会进行突围或向上提升一个层级，我认为该类目的商家至少应该做有利于行业类目提升的事情，比如提升客单，而不是打价格战，不是相互抄袭。

最后说说超级大卖家。一年有十几亿的产品销量，虽然已经脱离了差异点的范畴，但有一点可以肯定的是，他们正在拆散，不断地生产极具产品优势的子品牌，其实这些超级大卖家也将优势思维运用得淋漓尽致。规模体现在供应链的整合上，后端提升效率，前端品牌和产品个性化。所以这个层面上的产品竞争，主要是对未来产品流向潮流、主流商品世界的把控，做源头上的产品整合、跨界合作、吸附明星、娱乐、品类竞争、资源竞争等。其产品一方面要取得规模效应，提高商业效率；另一方面就是要提升品牌力，能够溢价卖出高附加值。同样，这个层面难度最大的还是在人上面，因为动辄百人甚至千人的团队不是那么容易管理的。很多超级大卖家的没落不是因为产品，而是管理，但成功的原因多种多样，这里不再展开介绍。

这四类卖家在产品上都有不一样的策略，本质上创业是这个过程，做电商也是这个过程。就好比打怪升级，一定要打适合自己的怪，这样才能升级；否则死都不知道是怎么死的，即使你很有钱。

总结：产品能力就是选品能力，选品能力就是找到自己产品的差异点，获得比较优势，然后不断升级、提升。

下面是一个关于优势思维最好的寓言故事，希望大家能够仔细体悟，尤其是作为创业者，无论做哪个行业都需要这种思维能力。

大卫和歌利亚的战斗故事记录在《撒母耳记》第 17 章：

扫罗和以色列人犹大的梭哥迎战非利士人。歌利亚连续四十天，每天两次向以色列人讨战，进行一对一的决斗，来决定战役的胜负。扫罗和全体以色列人都极其害怕。年轻的大卫为跟随扫罗出征的三个哥哥送饭，听见歌利亚的骂阵，和扫罗允诺的重金赏赐，无所畏惧，要击败歌利亚。

大卫拒绝了扫罗提供的战衣，手中拿杖和甩石的机弦，从溪中挑选了五块光滑的石子，和歌利亚对阵。歌利亚头戴铜盔，身穿铠甲。

非利士人就指着自己的神诅咒大卫。大卫回答说："今日耶和华必将你交在我手里；我必杀你，取下你的头。我又要将非利士军兵的尸首给空中的飞鸟、地上的野兽吃。全世界就必知道以色列中有神；聚集在这里的众人也必知道耶和华施行拯救，不是用刀用枪，因为争战的胜败全在乎耶和华。他必将你们交在我们手里。”

大卫用机弦将石子击中歌利亚的额，歌利亚就仆倒，面伏于地。大卫将歌利亚的刀从鞘中拔出来，用刀割了他的头，将他杀死。非利士人逃避以色列人的追赶，直到迦特和以革伦。大卫将歌利亚的军装放在他自己的帐篷里，却将他的头拿到耶路撒冷。扫罗问元帅押尼珥，是谁的儿子迎战非利士人。押尼珥领大卫到扫罗面前，扫罗问大卫是谁的儿子，大卫说，“我是你仆人伯利恒人耶西的儿子”。

大卫用自己最擅长的弹弓石子击败了巨人，有时候我们穿上盔甲，拿着利剑、盾牌，在没有想清楚如何取胜的时候，其实都是负担，而不是武器。

取个好名字

对于产品的差异点，最重要的当然是名字，孔子都说名不正则言不顺。产品和品牌的名字非常重要，好的名字至少能够让你节省至少一半的广告费。

大多数商家的取名字思路往往是这样的，他们先想出一个品牌名或者产品名，然后再去思考定位、广告语等。其实这个思路应该反过来，就是从购买人群出发，从初衷出发，从定位比较优势出发，想出广告语，想出定位，再想出相应的名字。

比如男装品牌，这个男装品牌店铺只能女人买给男人，男人自己就不能在这个店铺里面买，买了也不发货。那其定位就是男“票”或老公的年龄至少在 20 岁以上，中间可以分两档，前期先以年轻女性为重点，广告语就是“老公的私人衣柜”，品牌名就叫“老柜”。读起来就是老柜男装，老公的私人衣柜！

就像给小孩子取名一样，先要想好寓意，然后再挑名字，没有反过来做的！所以你看看大部分注册商标都是错的。

“罗辑思维”的罗胖也公开承认自己取名的时候应该直接叫“逻辑思维”，不应该由于虚荣和面子，非要取名为“罗辑思维”，其扭转用户习惯非常累，非常浪费资源。

理论上说，一个好名字应该满足以下公式：

好的品牌名或产品名=40%记忆容易度+30%购买驱动力+30%差异化个性

这个公式基本上可以解决大部分取名字的问题，其实很多商家在名字上就浪费了资源。我有个朋友在一个水库旁养鱼，也想在网上卖鱼，于是注册了一个商标叫“箸然”，意思是悠然地下筷子。“箸”字可能有些人还都不会念呢，箸（zhù），是筷子的意思。我们来想象一个推荐的场景，你推荐一个朋友买鱼，说有一家店的鱼特别好，店名叫“箸然”，这个朋友肯定会问哪个“柱”呀，然后你就要解释一通儿。大家看这就不是一个好名字。

怎么改？改成“卖鱼郎”。有人可能会说这个名字太土了，没有韵味；也有人可能会说这个名字太大，不够具体，那我们可以加修饰，比如卖鱼姑娘、水库卖鱼郎、西湖卖鱼郎、卖鱼老头等，有很多修饰词。

所谓的记忆容易度，就是说好不好记。一个好名字说一遍别人就记住了，不好的名字要说 10 遍，多说 9 遍就有 9 遍的成本。所以说本质上好名字能够让用户最快记住。

购买驱动力就是解决属性的问题，最好要知道名字背后的购买理由。还是以“卖鱼郎”为例，都知道是卖鱼的，这就有了购买驱动力。一听到别人说这个名字就会自己脑补，哦，原来是卖鱼的，然后就会联想起来自己喜欢吃的各种鱼，就产生了购买需求。

差异化、个性化就是名字的独特之处，现在都流行嫁接，比如苹果、小米、锤子、松鼠等，这些名字就体现出了差异化和个性化。同理，“卖鱼郎”就是一个好名字，拟人化，看起来好像是一个人的名字，听起来又很有画面感，马上就会想到有一个带着竹筒、鱼竿，披着蓑笠的人在卖活蹦乱跳新鲜的鱼！

总结：一个好名字就是要彻底傻瓜化，需要符合定位，符合目标人群，先想清楚这些再想名字——记忆容易度、购买驱动力、差异化和个性化。这样基本上可以取出一个非常好用的名字。千万不要死脑筋，不要只图自己喜欢，而是要目标人群喜欢才行。当然好名字越来越少，联想资源也是一种稀缺的资源。

记住，名字不对，全都白费。这样说一点都不过分，想出一个好名字，必须要在几百个名字中选出来，去看看阿里巴巴的取名故事、淘宝网的取名故事，相信对大家非常有帮助。

产品的核心三要素

我觉得电商产品主要包括三个核心要素，分别是设计、成本和定价。

第一是产品设计，或者叫产品开发，这里只简单说一下，在设计章节中会重点展开介绍。产品的设计能力，或者叫整合设计能力，基于选择能力，或者说把控的审美。审美其实是一种艺术，目标人群喜欢的就是美，目标人群不喜欢的就是不美，千万不要把自己的好恶当成客户的好恶。

第二是成本，如采购成本、制造成本等。理论上说，在平台上卖 100 块成本的东西，卖 200、1000 块都是可以做到的，前提是这个东西有合理的目标人群。关于成本这块我想给大家多分享一点，很多运营总监没有成本思维，而很多老板往往太有成本思维了。

成本思维的核心就是**投入和产出**，有多少本钱才能做多少生意。投入成本有两个：一个是实际的成本；一个是机会成本。机会成本是经济学的概念，也是战略里面的一个重要概念，是你做出选择时要衡量的。产出除了经济产出，也有形象产出等，比如小二的印象，我们常常这样说：这次活动亏一点，为了能给小二留个印象，下次活动好一点。产出还分短期和长期，这个时间范围的界定就很值得考量了。多短叫短期、多长叫长期呢？我们常常做一些亏本跑量的活动，是否想过要亏多长时间，以及多长时间能够收回成本呢？这些方面很多运营往往是不知道的。在所有的成本中，最重要的就是产品成本，因为无论销售额有多大，产品成本都是成正比例增长的。

第三是定价，定价是非常重要的，不是只有大品牌才有定价能力，有时候定价还是一种武器、一种战略。比如小米的定价，就是一种战略级的武器。电商中很多人的定价是没有策略的，或者说没有定价意识。定价是一门学问，无论什么类型的商家，都要好好思考自己的定价能力，即会定价、定好价的能力。

产品设计开发意识、成本意识和定价意识合在一起就是产品意识。

产品开发设计的三个层次

产品开发设计的前提条件是已经定位清楚，知道了自己的优势，以及在什么地方可以聚焦成功。我见过很多很有特色的小店铺卖得很好，其实机会还是非常多的。比如卖手工泡菜，纯天然手工做，每次就这么多，非常受欢迎，都是一下子就抢完；再比如卖手工工艺品等，这些个性化的市场其实可以作为起步阶段的尝试。

产品开发一般分为三个层次，一是实体产品，也就是满足每个人的感官使用的产品。这个层次是最低的，比如一件能够穿的衣服、一床被子、一个本子、一支笔等，这个层次的竞争就是能够做出绝对高性价比的杀手级产品。背后需要强大的供应链体系做保障，能够在这个条件上创造出优势，也就是需要我们对后面要讲的控制成本的四大能力机制的把握。当然这个层次的竞争会比较辛苦，赚的自然是搬运工的钱，你看大部分标品的爆款竞争都在这一步，很多商家已经不在货品上赚钱了，而是在供应链金融方面。

二是满足心理需求的产品，叫作附加产品、虚拟产品、或者连接产品。我比较喜欢用连接产品这个概念。简单地说，就是用户购买这类产品，花在使用上的价值可能只有 10%，而 90%都是连接到内心某种感受，如存在感、参与感、优越感、自豪感、安全感、成就感、归属感等。产品就是个纽带，不用连接到所有感受，只要有一两种感觉就可以了。这个层次的产品竞争到了非常重要的阶段，所有的内容都在升华。

三是满足心灵需求的产品，叫作灵魂产品。这类产品的特质是满足用户心灵需求，是最高的顶点，也就是用户没有理由地购买。注意这种没有理由的购买，和用户说不出理由的随便购买不一样。就像老子所说的，从无知到有知，从有知到无知，两个无知是不一样的；释迦牟尼打坐之后的乞食，和大部分乞丐的乞食是完全不一样的。这个境界就太高了。目前有没有这样的产品呢？当然是有的。你看看生活当中哪些产品已经到了心灵层面，比如每天上洗手间就要打开“罗辑思维”的用户，对他们来说这个产品就到了心灵层面。

这三个层次的竞争其实就是一种选择，不是递进的过程，不是一个个步骤，它们可以同时存在，也不分企业大小、电商大小都可以在这个体系下共生。

产品的开发设计必须要满足一个级别的需求，我们始终围绕需求去展开。也可以说是一种解决问题的途径，那么我们要思考这种解决问题的方式是否具有独特性、是否有逻辑可信度、是否够快、是否有情感等，从人性出发看产品！

产品开发林林总总，但不外乎三个方向的产品：一是生产方面的产品，能够帮助大家提高生产力，如办公软件、办公用品、新能源、系统，或者叫作 TOB 类产品；二是日常生活中的产品，如衣、食、住、行等；三是精神方面的产品，如文化、艺术、教育、娱乐、旅行等。

控制成本的四大能力

关于成本，或者叫产品成本控制，这是一个公司化电商的核心能力。我认为这种成本能力，主要体现在以下四个方面。

第一，成本能够测算。关于成本控制的理论有一堆，但我们只管核心的，比如要找一个服装厂做衣服，你如何和他谈价格？非常简单，你给他算好他能赚多少钱，或者你准备让他赚多少钱，同时你还要帮助他赚到这些钱。

低端的供应链管理就是只知道还价，比如 10 块还成 8 块、9.9 块，这是不懂得变现，不过有些工厂现在已经变成纯加工厂了，也就赚个加工钱，那你就要给他算好，单价多少钱能够赚，一年你要采购多少，他能够赚多少，成本控制的精髓就在于此。比如你去买个东西，如果你提前知道按照目前的工价、原料成本，以及这样的品质，在多少数量之内多少钱一个，然后你再算他能赚多少钱。有人说运营总监不需要懂这些吧，不需要懂但是要知道。所有关于成本的内核都需要了如指掌，否则很难去调度资源，进行对接，做进一步的部署和调整。

第二，产能能够跟上。只有保证工厂有利润，你才能够在要产能的时候工厂给你产能。比如同样是做衣服，你的衣服一件赚 1 块钱，而他的衣服赚 2 块钱，出来的效果还快，想想凭什么别人要做你的产品呢？算账决不能短视，也不能凭感觉，理性的是能够多给合作伙伴赚钱，这才是长久之计，如果总是算计赚多赚少，这个游戏是玩不长的。

第三，选择准确而恰当。关于选款的问题，本质上自主开发设计也是一个选择的过程。比如你的产品部门今年设计了 20 款产品，一定要留下多少款产品，剩下的入产品库，有机会可以重新拿来再用，产品要有不断改进和提升的空间。

第四，有产品数据和反馈。每个产品维度要尽量多，比如电器，要有材质、性状、设计、容量、耗电等，以及销售情况、上架时间、产品开发周期、设计完成时间等，这些都要做好记录，都体现了数据的意义。没有数据化的产品开发，和瞎子上战场一样，明显就是找死。

最容易忽视的就是对产品各种数据的反馈，要想不断地提高产品开发的能力，就需要在各个关键维度上面进行考量，尤其是市场的反馈数据，如毛利情况、受欢迎程度等，全部要反馈回来指导产品的开发。特别是客户反馈的问题，需要统一梳理。

这四个方面说起来非常简单，做起来都是内功，都需要不断地尝试。所以说电商垂直化，不是客户要垂直化，而是产品要垂直化。你需要了解几个大类、几个专业度极高的行业，比如面料，光红色的面料就有上百种，你要选择什么样的红。

控制成本的四大能力，就是对以上四种内功的衡量和调整。

产品的定价能力

定价是一种能力。定价能力分两个部分：一是会不会定价，很多人把定价当成一件普通的事情来做，其实定价应该上升到定价战略上来；二是能不能定价，就是说定价条件是否具备，所谓的市场价值、稀缺性等两者必须同时具备。光有市场价值不行，光有稀缺性也不行，所以两者之间的交集就没有问题。

先来说会不会定价。可以看看罗永浩在锤子手机定价上面的总结，说之前定价整数，败给了定价 X999，这样究竟是不是在把消费者当猴子耍，其实这个问题有点纠结了。本质上对于卖价定什么，只要市场上有人买这个产品，就说明他接受了这个价格。

再来说能不能定价。看市场价值的背后有没有这个需求，比如有人愿意出 10 块钱，有人愿意出 1 万块钱。当然在时空变化之下，也就是情景变化之下，市场价值也会变化，那么市场价值就是在一定情景下的需求价值。

找到市场价值之后，就去制造稀缺性。具有稀缺性的东西有很多，本质上这个世界上的资源都是稀缺的，最大的稀缺就是人的时间、精力，注意力是稀缺的，所以经济学上才有“机会成本”这个概念，这些稀缺资源都会表现在定价能力上面。反之，要获得定价能力，就需要有能力制造出稀缺性。

理解了这两点，再来看小卖家的策略，就很容易理解了。小卖家要具备定价能力，就是要用手工制造稀缺性。虽然有很多卖家在做手工产品，但没有关系，因为理论上说，手工就代表做出来的都是独一无二的，你自己都未必能做出两个一模一样的东西。

制造稀缺性，一般来源于以下几点。

创造力稀缺性。我们经常说在产品上要设计出有特色的创意和卖点。比如坚果类，其实东西都是一样的，除了在品相上有区别，以及人们制作出各种口味之外，最大的区别就是包装了，通过有创造力的包装，让产品得以区分。

关于创造力稀缺性，其实就是认知。1927年，美国经济学家奈特写了一本书，书名为《风险、不确定性和利润》，他在书中有一个很重要的观点，就是所有利润来自于不确定性。

举个例子，同样的货品，有人卖就有人买，卖的人觉得赚了，所以卖；而买的人也觉得赚了，就买了。这种感觉在日常的买卖中可能显得不够深刻，我们上升到投资领域，当一个公司还处在初期的时候，有的VC就愿意大资金投入，抛开他们的风险控制不说，就单个投资项目来说，作为VC一定是认知到这个项目未来的潜力的，否则其就不会投资。当然，也有可能其认知是错的，但在其投资的当下，他一定是这么认为的。比如，当年雅虎投入阿里巴巴集团的10亿美元，成了阿里巴巴的大股东，这个就是当时雅虎的判断认知，认为接下来会有很大的升值机会，结果就成了最成功的投资之一。所以，对于不确定的认知能力，是非常珍贵的。

从某种意义上说，其实这也是一种创新。熊彼特认为，创新在商业上不是指发明，而是指用同样的资源，可以比别人创造出更高的价值，或者同样的价值，花费更少的资源。换句话说，就是商业效率更高。一种创新模式、创新思维，往往学习的人少，这时对于中小卖家来说往往是机会，而这些机会一般都是处于边缘之外、主流之外的非主流。创业者也一样，如果用同样的商业手法、同样的商业手段，“80后”在“70后”的主流商界出不来，“90后”也是如此，都需要用新的思路，通过边缘化的创新进入主流。

制造稀缺的品牌价值。什么是品牌价值？简单来说，就是用户的信任度。信任度从哪里来？因为用户的时间有限、注意力有限，不敢面对不确定性，不愿意尝试体验不熟悉的事情，所以往往倾向于接受熟悉的、信任的、有人尝试过的事情，即选择成本最低。这也就是能够产生品牌溢价的原因。

问题来了，上面讲要创新，用新工艺、新设计，这里又说用户是保守的，喜欢买品牌产品，这不是矛盾吗？

其实不矛盾，用新工艺是为了区别于其他竞争对手，为了初期能够更好地抢夺用户，而品牌是积累的方向，而且有 80%的人喜欢买有品牌的东西，还有 20%的人喜欢尝试新东西。

总的来说，产品定价来源于稀缺性，面对不确定性时你有没有新的理解，创新的设计能够创造出一个价值洼地，在大家还没有发现时先一步做起来。在创新产品开发的路上，不断地得到越来越多客户的信任，于是汇聚成值得信赖的品牌，最终上升到心灵层面，成为大家脑海中的情感符号，决策时完全不需要思考，绕过了理性思维，直达内心。

有条件要塑造产品的背景价值或形式价值

所谓产品的背景价值，就是指结合产品特性的故事背书，因此我们要结合自己当下能够整合的资源用尽所有的方法，把它们结合到自己的产品特性中。比如教科书背景、原产地背景、名人背景、政治背景等。浙江绍兴就很好地利用了教科书背景，叫“跟着课本游绍兴”，就是因为有鲁迅这位文化名人在。

形式价值，不是指形式主义，而是指符合目标人群特点的视觉设计，塑造核心价值，一定要差异化，否则就是死亡。要抓住一个点，改变一个点，制造一个点，无限放大再放大，产品的内容就要围绕几个实际的价值去提炼。

同时要做产品布局、产品规划。至少思考两个阶段的产品布局，或者第一个创新产品上线时，第二个创新产品就要成型了，或者已经成型了。

所以说一项新技术的发布、一个新体系的出现，表示我们已经准备好了，我们已经在这条路上走得很远了。

这就和下象棋一样的道理，走一步，你要知道下一步、下下步在哪里，这都在于战略思维。

电商产品设计开发的组织形态

产品开发需要有新的开发心态，以适应当前尚不确定的商业环境，能够迅速调整。

关于产品设计开发的组织形态，大部分公司产品经理就是创始人，或者是老板，一个老板可以不懂电商，不懂运营，不懂管理，不懂客服，但是不能不懂产品。同理，一个不懂产品的运营总监不是好总监，产品需要一把手负责，没有一把手时就需要老板把控产品。

关于产品团队的扁平化，扁平化意味着不能从上而下进行规划，而是应该从下而上进行梳理，这就要求组织结构进行改变，基础员工的能力也要进行改变。如果在自己的产品岗位上不能够进行创新和创造、判断和选择、理解高层的战略意图，产品开发就会出现问题，团队的工作效率就会变得低下，容易产生最大阻力和障碍。

产品开发的小团队模式，是需要一个整体的产品团队，这个团队的作用非常重要，要求有企业能力。

其实文化、战略、人、管理和产品负责人有很重要的关系，要符合公司的文化，理解公司电商战略，有与之匹配的产品战略，如做什么产品，不做什么产品，什么时间上什么产品等，有公司产品数据的反馈机制和流程，能够一条龙管理到底，并将其落实到细节中。

大家可以想想这中间的复杂程度，所以未来的电商专业化会越来越重要。零售行业几十年的经验，就是我们通常所说的见识，见过无数产品，了解过无数客户，这也是竞争力的一部分。

懂行和不懂行会差很远，也许你会问，超市什么都卖，为什么超市可以这么做？有的朋友可能会对渠道品牌、零售品牌之类的进行分析，其实这不是原因，超市主要做的事情和我们当前做的开店类淘宝的事情不一样，这个内容留到营销章节中再解释，因为产品是电商的核心。

其他标类产品开发也是这个思路，比如电风扇，开发的路径是从简单的标准产品出发，一开始只有开和关，后来有风速调解、转向、高度调节、遥控、模拟自然风、控制摆动角度调整等，这样一路开发过来，所有的产品都在功能和外观上进行了改造。标类产品要做到差异化，势必要从这个角度进行深挖。

而以服装为代表的非标类产品，就是以风格和设计为导向，同时发挥不同的材料或材质特性的面料价值，时尚的潮流一般一定的周期内会有个轮回，比如 5 年风格一轮回。当然，服装还可以以不同的人群区分，细分各种人群、千奇百怪的服装需求。

我曾经开玩笑说，我要建一个男男同性恋服装品牌，提供适合男性身材的女性衣服，人群面虽然窄，但这个市场不一定小。考虑到我这个直男，可能没办法真正理解他们的产品，所以就放弃了，好可惜啊。

如果用发现的眼光看市面上的产品，你就会觉得中国这个市场非常大，到处都是可以改进的产品，到处都是可以提高的地方，到处都是可以让生活发生变化，这就是产品经理、运营总监、老板需要去积极思考的方向和内容。

6

长得丑还真没得救

Good artists copy;great artists steal. （拙工抄，巧工盗）。

——毕加索

“盗”比抄好

对于电商公司来说，所谓的设计比较狭隘，主要体现在视觉设计和产品设计上，但更多的是视觉设计，比如产品详情页、主图、广告图等设计。不可否认，我们的设计只是在这个框架内，但即便是这样的设计范围，也应该以“产品”的视角来看待，而设计工作者，更应该是产品经理的角色。因为在网络上，页面就是用户看到产品时的第一眼印象，就像电影、电视剧一样，明星就是靠这些内容堆积出来的。

文前引用了毕加索的名言，“拙工抄，巧工盗”。其实这句话是因为乔布斯说过，所以才变得有名。

那么该如何理解毕加索的这句话呢？乔布斯为何对这句话如此推重呢？我们通常理解为如果模仿别人的东西，一模一样，别人一看就知道是抄袭的，这是拙工；而如果模仿之后，修改了很多地方，就是整个盗来，是巧工。字面意思大致上是这样的，不过乔布斯说这句话绝不是这么简单，而更有深意。

我们来看“抄”，英文是“copy”，更准确的意思是拷贝、复制，即人家手上的是原版，而你手里的只是一模一样的复制品；而“盗”，英文是“steal”，是偷盗的意思，神不知鬼不觉的，最关键的是偷过来的是原版，是正本，而不是复制品。想一想，手上拿着复制品，还到处炫耀的是不是拙工，而手上是原版而且是正本的是不是巧工。乔布斯推重这句话，我猜他的意思应该是从别人的东西中学习，并且超越其设计，做出自己的内容。而超越可以是在公司内，也可以是在公司外，可以是别人，也可以是自己，不光是设计，这更是一种生活态度、一种价值主张。所以我认为，“学习别人，超越别人”才是这句话的正解。

其实历史上的毕加索，在他生活的那个时代并不是很受欢迎，因为他的画都来源于朋友们的作品带给他的灵感，同时每一次他又能超越他们，你想这有多气人？好比考试的时候，他全部都是抄你的，只有一题没抄，而那一题你刚好不会，他会，结果你考了 95 分，他考了 100 分，每次都这样，你说他如何会受欢迎呢？

我们在设计章节中提到这个名言，就是希望大家改抄为盗，能够超越，而非复制。这种态度应该是电商人推重的价值主张，也是生存主张，而不局限于设计领域。

我虽然不是科班设计出身，但在大学里面也学了一点素描、色彩、构图等基本知识，可以说是在设计门口徘徊的过路人。所以这一章关于设计的内容，我肯定不是在设计技巧或者手法上做设计分享，而是分享如何整合设计能力，如何寻找设计能力，如何配合设计能力，如何保护设计能力。保护设计能力？是的，设计能力需要像保护大熊猫一样保护起来，这真的是非常重要的事情。

随着从业时间越来越长，我更加坚信，无论是电商公司还是互联网公司，抑或是其他公司，如果没有设计能力或者整合设计的能力，都将被淘汰。这不是在危言耸听，而是已经到了这样的当口儿。从上一年的天猫“双十一”国际会场的产品来看，我们的国货还处于小学生阶段，事实上从商业上说我们也确实是小学生。光从设计这个角度你看看身边的产品，有多少你看不上眼的、长得丑的，就有多少升级的机会，有多少商业上的机会，未来在这个领域必将会有设计高手来替换掉它们，这只是时间问题。

正如我不是设计出身，恰好能够跳出设计的具体工作，看到很多不同的角度，很多内容是在和设计团队不断沟通和了解过程中总结出来的，不一定具有普遍性，但确实是以前犯过的错误，或者在意识层面理解的偏差。

回到设计工作上，在电商公司里面一般是指页面或图片设计，而这只是其中一个环节而已，或者用“视觉设计”这个词更加精准一些，其实设计价值和意义已经被我们所忽视。

> 根据工业设计师 Victor Papanek 的定义，设计（Design）是为构建有意义的秩序而付出的有意识的直觉上的努力。更详细的定义如下：
>
> 第一步：理解用户的期望、需要、动机，并理解业务、技术和行业上的需求和限制。
>
> 第二步：将这些所知道的东西转化为对产品的规划（或者产品本身），使得产品的形式、内容和行为变得有用、能用，令人向往，并且在经济和技术上可行。（这是设计的意义和基本要求所在）

这个定义适用于设计的所有领域，尽管不同领域的关注点从形式、内容到行为均有所不同。

这个定义枯燥了点，有很浓的老学究气息，在我看来最简单的关于设计的定义，就是一种**有目的的创作行为**。

我们设计一种“制度”，是为了方便管理某些事情；设计一个页面，是为了通过页面与看到的用户沟通某件事情；设计一个广告，是为了把目标用户的注意力吸引过来；设计一款产品，是为了满足用户的某种需求……所有这些都是有目的的创作行为。

因此，从对产品起心动念开始，设计就要介入了。从初期的产品外形设计、工业设计层面，到产品包装设计、产品场景搭配、产品拍摄、产品页面制作、主图设计、详情页面设计、活动页面设计、广告图片设计、入口图片设计、无线详情页面设计等，整个一条龙设计都需要整体把控，这才是电商设计的基本面。

整个设计工作应该贯穿全部的商业活动，而我们的设计往往只出现在商业活动的最尾端，作为视觉呈现表达一下而已，这就把视觉的作用降低到了最小。我想很多公司都有这样的习惯，比如做一次活动，往往所有的策划内容全部已经定下来才交给设计人员，让其最后变成页面。当然，如果公司发展处于初级阶段，确实可以这样做，但要突破就必须有跟随整个商业过程的设计负责人，这样沟通起来才是最全面的。不要表面上看很重视视觉工作，其实是在浪费视觉资源，视觉艺术是靠灵感的，没有灵感加班加到死都出不来内容。而灵感是碰撞出来的，是做出来的。

设计是最不确定的事情!

本章不是讲如何做设计，或者说不是教大家设计技巧，而是讲如何用好设计，如何重视设计师，为整体目标服务。

设计的价值一直被严重低估了

作为运营总监，如果你只会说“这个页面太丑、太 low 了，马上修改重新设计”这样的话，那设计的价值是没办法提升的，更没有办法理解整体设计的层次，会让团队的设计水平停滞不前。每一个设计的工作都是艺术，都是脑力劳动，而不是体力劳动。

这里举个例子，大家看下面两张宣传单有什么区别。

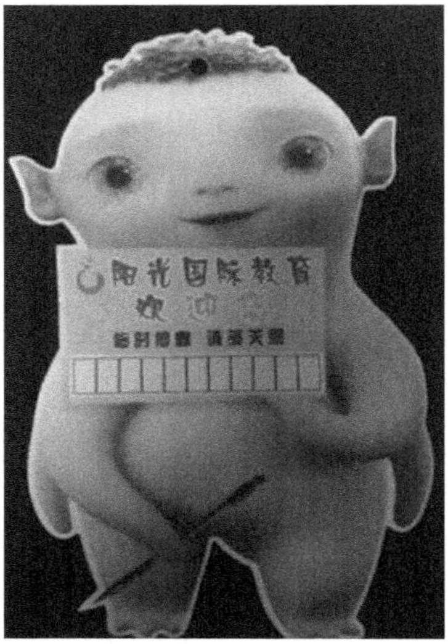

A

B

假设这是两家具有同样规模的公司（A 商家和 B 商家），员工一样多，几乎所有的都一样，唯一的差别就是其设计能力，大家想想最后的结果会是怎样的？有可能就因为设计能力，导致 B 商家竞争不过 A 商家。

两个宣传单体现出来的是一种审美、一种艺术，从商业方面说，有三个价值值得回味：一是提高溢价；二是节省成本；三是提高转化。提高转化其实也是节省成本，这里姑且把它们分开来看。从这两个宣传单中暂时看不出来溢价，这里先不说。

我们来看节省成本和提高转化这两点。比如 A 商家和 B 商家同样发 10000 个目标人群，如果 A 有 10%的留存，而 B 有 2%的留存，留存之后 A 有 5%的转化，B 有 1%的转化。假设印刷成本差忽略不计（实际上印刷成本占销售额的比例是非常低的）。双方都投入 1 万元费用，A 有 10000×10%×5%=50 个客户，而 B 只有 2 个客户，那么获得一个客户的成本 A 是 200 元，而 B 是 5000 元。虽然这是假设出来的数据，但该数据不会偏差太多。假如你获得一个客户的成本是竞争对手的 25 倍，那是不是表明你做任何花钱的事情，所要付出的成本都会比竞争对手多呢？

我们再来看淘系电商里面的两个广告产品：直通车和钻展，其中钻展按展现收费，直通车按点击收费。而对于钻展，假如你的钻展点击率为 2%，竞争对手为 4%，那就意味着同样地获得钻展 UV，你就要比竞争对手花更多的钱。

回过头来再说说提高溢价。看如下两个门店，如果卖同样的东西，你觉得哪个能卖得相对贵些？

我想大部分人都会选左边这家店吧。

但你可能会想装修豪华是有花费的，而且价格高卖的数量也会减少。

确实是这样，你看装修可能左边店要 20 万元，右边店只要 2 万元。但是从客单上讲，同样的东西，左边店可以卖 100 元，而右边店可能只能卖 10 元。而线下店铺的衡量标准是坪效，即单位面积在单位时间内的利润产出，这也是线下店铺的瓶颈。

我们来看线上店铺，对于店铺装修、页面装修，理论上设计好和差所花费的制作成本应该差不多，可能只有工资高低、电脑好坏罢了。但是高溢价可以从设计当中来，设计好的可以卖得更贵，转化也会更高。

同时，在成本当中省下来的费用又可以更好地用来提高溢价，比如可以用省下来的广告费做定制化服务，也可以把更多的资金投入到新产品研发上，开发新一代产品等。

“这些内容还需要你说吗？难道我不知道设计的好处是降低成本、提高溢价、提升转化，问题是如何获得好的设计能力？”

绕了半圈，说了很多正确且无用的话，目的只有一个，就是重申设计的重要性。“你原来用 20 万元投广告，却只花了 5000 元设计页面，用了 1 个小时策划页面，还说你知道设计很重要，这根本就是自欺欺人。”你可能又会说，“我知道设计很重要，只是很多时候没有能力做出来想要的设计”。

这也是一种理由，我们要把目的和手段分清楚，先搞清楚投广告的目的是什么，不是为了花钱，而是为了更好地赚钱。搞清楚自己的重视度，否则做任何事情都只有一个结果，那就是浪费钱，浪费精力。所谓**视觉不对，流量白费。**

很多人都会说自己当然知道设计有多重要，只是没有这个设计能力而已，把问题归结到美工不行、招不到人等上面。说这话的时候言之凿凿，理直气壮，只是让自己心安理得而已，让页面继续丑下去。

其实，你不知道设计有多重要！

请问，你的时间有多少花在设计沟通上？你的精力有多少花在找优秀的设计资源上？你的公司资源有多少用在培养团队设计能力上？有多少次沟通有关设计的方方面面？有多少长远的计划切实地用在如何提高设计能力上？

我想答案你比我更清楚。

如何培养设计能力

前提是知道其重要性，也愿意投入时间、精力和资源去提高团队的设计能力，我们再来思考“如何培养和提升设计能力”这个核心问题。

在目前电商市场上，光有还行的产品、过得去的服务、一般性的体验和生活形态，已经远远不够了。尤其是现在的平台越来越多元化，甚至连淘宝也开始多元化，出现了很多不同形态的产品。必须要设计出来独特的、好看的或者令人感动的东西，要不然就没法生存。设计的一切都是产品。

其实从某种角度来说，所有的岗位可以分为两种：设计岗位和非设计岗位。设计岗位负责一切业务相关方面的设计，如产品工业设计、包装设计、页面设计、名片设计、办公室设计等。设计岗位负责的是这个世界长成什么样子，是公司、品牌同其他商业元素沟通的桥梁和媒介，把自己描述给全世界看，使自己成为一家真正意义上设计力驱动的电商公司，而不是流量驱动、运营驱动的公司。

而非设计岗位就是负责一切无关设计能力的工作，如管理、营销、人力等，这些工作都是做出事情来，让设计来描述，或者把设计描述出来的事情做出来。这样的电商架构是不是就会非常有趣？

对于提升设计能力，我认为包括两个方面：一方面是设计岗位的能力提升；**另一方面就是提升非设计岗位的能力，与设计岗位的能力相匹配。后者往往被大家严重忽视。**

提升设计人员设计能力的方法有很多，我认为最简单、有效的方法就是“练”。当然有天赋固然很重要，但都敌不过永恒的10000小时定理——想要在某个领域成为专家，你就要老老实实花上超过10000小时的时间。算一算，假如你每天花3小时，那么需要接近10年的时间；如果每天花6小时，则只要5年时间，5年以后你就可以成为该领域的专家了。

很多人不信这个定理，那我给大家举个实例。我大学学的是广告学，其中有一门课程是学习 PS，也就是现在电商常用的主要神器之一。这门课程大概有15个案例，老师第一天上课时就说，“你只要能够把这15个案例每个做10遍以上，最后闭着眼睛都能做出来，那么你就是PS中的高手了”。结果是，我们班大概有3个人真就这么做了，最后他们都成了PS领域里面的高手。这件事情对我的冲击太大了，有时候最笨的积累方法就是不断地练习，尤其是初学者。这与学习英语非常像，我们学了这么多年英语，能够正常和老外交流的非常少，更不要说类似于马云那种了，问题在于我们都把简单的事情复杂化了。学习英语首先就是找好一本教程，比如新概念英语，然后听原版录音、背诵、中文翻译英文、英文翻译中文，这样基本就是中等水平了。然而，大部分人都不屑这个办法。我发现一个规律，数理化成绩非常好的，往往英语、语文奇差无比，为何？因为太聪明的人往往看不起笨办法。比如新东方俞敏洪的英语学习故事，他说自己以前英语都是不及格的，有一次老师发了一个300句话的英文资料，他做了一件很笨的事情，就是背诵默写这300句话，做到了张口就来，最后英语成绩突飞猛进。

这个故事我是相信的，因为我就有这样类似的经历。扯远了，只是想要说明，即使有天赋，也是需要练习的，但练习是有方法的，这个方法就是“重复”，不断“超越”。

我们要抄袭、复制、不断练习，抄袭自己认为好的页面，进行模仿，但是要超越它们，这样才是正路。

设计能力就好比演技，台上一分钟，台下十年功，需要长时间积累。要么挖人组建团队，要么整合资源，整合到有这种功底的公司或团队，但需要下很多血本，花很多钱或者精力，还有设计理念，否则永远会有冲突和矛盾。

而作为非设计从业人员，需要提升的是审美能力。或者说，在设计人员和非设计人员之间需要一个桥梁，其具有审美能力，就好比互联网产品经理的岗位，对接需求和开发。具有同样的审美能力才能进行沟通，视觉效果没有美丑，只有是否对路，是否能起到连接作用，产生共鸣。

对审美能力的培养也需要时间，非设计人员主要是看同行、看竞争对手、看所有页面、看提升方式，同自身拥有的设计资源进行匹配。好的设计内容，其实是设计人员与非设计人员相互匹配而产生的结果。

所以说，培养设计能力主要在于设计人员和非设计人员之间的协作。

你看，设计问题，是不是一半出在了运营等非设计岗位上？

审美能力就是设计能力

对于大部分电商团队来说，一定需要有审美能力的非设计人员来决策。因为设计人员自己创作出来的内容都是独一无二的，都是非常有个性的，这就需要进行选择或者编辑。有时候这也是一件比较痛苦的事情。设计太艺术化，就没有商业内容了，这时就需要有人来平衡，能够提出中肯的修改意见，能够用数据说话的就用数据说话，但大部分情况下是没有数据的。

于是，很多时候只是一种判断、一种坚持、一种修养、一种见识。这么说太虚了，但艺术审美能力就是这么虚的。

如果要选择一个最重要的，那就是见识。说到见识，不光是要看别人的页面，更要看国外的工业设计，看各种展会、流行的电影、动画动漫等，因为它们都能开阔自己的眼界。

你是否经常遇到这样的情况：做设计的同事拿给你两个入口图，两种风格的活动页面，让你选哪个好？而你根本没法给出意见，但如果你有审美的判断能力，再加上一点点经验，这时你就能说出来很多内行的意见。经验是不断尝试出来的，但审美是修炼出来的，是一种悟性。

当然，很多商家会说自己的设计没有两种选择，页面都设计得惨不忍睹，这叫我们如何审美呢？其实我们的要求是非常高的，也有很强的审美能力，但是设计师的能力不行没办法表现出来，我们也只能将就了。这种理由我听很多运营总监、老板讲过，然而说这些真的没有用。

不以解决问题为目的的提议都是抱怨，只会抱怨的人是没有前途的。

前文说到，设计能力是一种整合能力，在互联网时代，我们要的是结果，所见即所得，其他的条件都要自己一点点去解决。

有了审美能力，你对页面的要求市场会帮助完成，目前市场是超越时空的，你只需要找好对接人，信息沟通到位，我敢说没有审美认知表现不出来的效果。

当然，如果你想拥有自己的设计队伍，前提也是需要一个具有审美能力的核心人物，或许你就是这个核心人物，但这往往是一种天赋，一种稀缺的天赋。

所以，产品设计得难看，大半是产品经理没有审美能力；页面设计得丑，大半是运营没有审美能力，甚至运营总监、老板没有审美能力。

目前店铺的设计水平，如页面、详情页等设计，就是运营或者老板的审美体现，不用找其他借口或理由，我们要解决的是整体的审美问题。

在移动互联网时代，资本、人员、生产制造、设计等基本都可以整合，在万能的淘宝上几乎可以买到所有想要的产品和服务，但就是审美整合不了，或者说想法和思考整合不了，也没地方整合，你所创作的结构就是一种新的想法。

所以，我认为审美是骨子里的东西，没有特效药。

设计文化

文化，是一种理念、一种价值观、一种基因，设计过程也是文化，设计出来的成品是文化载体，是一种传递。

设计文化体现在日常业务的方方面面之中。你去看看自己店铺的页面风格是否换来换去、设计原则是什么、产品的目标人群是否在换来换去、是不是有很多流行页面的沉淀。文化是一种长期积累的结果，如果设计团队中工龄最长的仅半年，那么这样的团队是没有什么文化可言的。

关键的文化就是对审美的要求度、高度够不够的问题。下面说一个敏感的问题，关于抄袭、关于模仿。

抄袭，严重一点说叫剽窃，是一种商业犯罪。在我看来，要区分目的，如果抄袭、模仿是用来提高自己、提高成员的能力，是为了让大家掌握一种表现技巧、页面技巧，学会一种新的构图风格，学习解剖他人的思路、页面逻辑等，我认为这没有问题，是值得鼓励的。而如果只是改了品牌名，然后直接用在页面中，用在自己的店铺上，那么这就是剽窃，会使团队慢慢养成一种惰性，最后一定是自食其果，就好比刷单，这是一种慢性自杀。

所以要区分目的，是练习用还是抄袭，就好像唱歌一样，你要唱别人的歌，在 KTV 里唱唱、吼几嗓子是完全没有问题的，总不能要求大家都唱原创歌曲吧，但是你要出唱片、开演唱会、写歌就没办法了，要么有授权，要么是原创，这就有版权问题了。

我们要习惯接受对版权的尊重和保护，就好像保护个人私有财产一样，只有从业人员一起做起来才会有新的商业文明。阿里巴巴所追求的新的商业文明，真的不是空喊口号，而是去改变底层的意识形态，保护底层的知识产权。我一直认为马总的这个理想很好，但着力点应该更小，应该在例如保护和鼓励原创等这些基础节点上发力。

设计人员在学习方面不应该有包袱和框架，有利于提高和超越的方法都可以去尝试。说到底，技巧、技能可以通过练习来提高，但艺术审美是很难学习的。所以说天赋真的是一种很气人的玩意儿，尊重自己的内心，做最符合自己天赋的事情吧，与其仰天长啸“既生瑜何生亮”，还不如每天练习，学会超越昨天的自己。

爱迪生的名言，“天才，是靠 99%的汗水，加上 1%的天赋”。这些年该名言被人翻出来说，其实还有后半句，没有 1%的天赋，前面 99%的汗水也白搭。我觉得应该还有半句，那就是，找到自己的天赋，做自己最擅长的事情，比什么都重要。

所以说设计文化应该是一种天赋文化，应该是一种刻苦练习的文化，应该是一种不断超越的文化。你必须要寻找一群天赋相同的人，一起碰撞，一起打磨，一起去做自己擅长并喜欢的事情，这有多难，只有自己知道。

设计战略

战略就是以终点为起点，问问自己设计能力要用在什么地方？要做什么、不做什么、坚持什么？

设计本身是一个很重要的时间积累的因素。我举个简单的例子，一个设计人员在一个公司做一年，积累的案例有多少，每一个案例是不是一次提升，那么一年以后这些案例都是其财富，一个设计团队一年所有的作品也是财富，这些积累的财富是很重要的。不开窍的公司会说这些设计的财富是公司的，所以极力阻止自己的团队同外界交流，主要有两个担心：一是担心成员跳槽；二是担心别人剽窃。

对于前一个担心，其实是因为不自信，交流都是双向的，能被挖，也可以挖别人，只要团队有足够的吸引力；而对于后一个担心，主要是基于对员工的控制，担心其设计的内容被人抄袭。在我看来，能给人抄袭的公司都是好公司，因为垃圾的东西、垃圾的公司才没人抄袭呢。而且，越要让竞争对手抄袭才越好，因为一旦抄袭养成了习惯，他们就永远丧失了创造力，也就没办法超越我们了。分享，是一种最好的教化，可以让大部分竞争对手变成守株待兔的人。

当然要有一个绝对的前提，就是你要不断地超越自己，不断地推翻以前的内容，不断地提升，这就是一种软实力、一种设计战略。

把自己的好内容、好设计、好方法共享出来吧，让大家学习。看到这里你是不是整个人都不好了，想把微信收藏夹里所谓的干货全部删掉，不着急，先做到那个绝对前提吧。

还有的老板会说这些设计作品应该归公司所有，万一设计人员离职了这些东西也可以用起来。这是一个必须要纠正的错误观念，其把设计作品当成了私有财产，对公司来说要真正修炼的是审美层面，是设计团队的虚拟知识体的合集。比如一个设计团队，通过一年的时间把设计水平从 5 分提高到了 6 分，抛开其他原因，如果团队成员全部离职了，请问新起点会是几分？一定是 6 分以上。为什么？因为审美能力提升了，要求提升了，标准提升了，团队整体设计能力提升了，这就是设计战略的总方向，提升整体设计水平。

正如前文所说的，设计人员和非设计人员的整体协调才能提高设计能力。和穿衣服一样，衣服的设计优劣，要看体型、气质、搭配等，同样的衣服穿在这个人身上是“高富帅”，穿在那个人身上就是“四不像”，明白了这个道理，就明白了什么是设计能力、什么是设计战略。

人一旦胖了，就很难瘦下来，最主要的原因不是因为减肥意志不坚定，而是观念，从自己的视角、别人的视角看到的都是这形态，所以在自己看来胖就是常态，要打破常态是最难的。所以说设计战略的重点还是对团队整体审美能力的提升。

我坚持的原则就是自己做不了，还有需要的那就外包，在吸引优秀的设计人员上面多花一点时间，同时也需要统筹安排设计，目标就是提升审美能力。

回到上面的问题，设计能力要用在什么地方？说透了也简单，就是看三个核心指标：点击率、转化率、跳失率。有些还会加上页面停留时长，我觉得页面停留时间长也不见得是好事，现在的人其实没那么多时间，无线端更是这样，买个东西，基本上很快就做决定了。

这三个数据和什么比？先和同行比，再和自己比，比如与上个月比点击率如何提升、如何坚持，这就是系统工作了。

设计要坚持什么？要以拥有设计能力为前提，要能够整合设计能力。我们要分阶段递进，一年年积累，一步步取舍改进引领行业进步。如果有兴趣，你可以找来淘宝网从 2003 年创立以来每一年的首页，帮助自己找到这样的感觉。

设计管理

通常所说的设计管理是指设计任务的管理，衍生出来的就是设计师的管理、设计流程和设计结果的管理。

毫无疑问，设计师的管理、设计工作的管理不能按照工业化要求朝九晚五，因为这种工作制度也是工业化产物，而设计工作多半是非工业化的，是不确定的，是带着灵感的，是创造性的。不确定性不代表放任，不代表散漫。这就是艺术难的地方。

我们把设计管理分成两种：一种是任务型设计；一种是创造型设计。前者相对标准化一点，后者就是艺术，艺术很难定点、定量完成，艺术需要创造，就是对不确定性的把握。

在一个电商公司中，这两种设计工作一般是混在一起的。任务型设计以确定性为分界线，也就是说，给定的任务是已知的，当然产生的成果也是已知的。比如抠图、修图、找素材、调整大小、页面套版、照片打印、页面模仿等，这些工作相对来说比较机械，属于体力劳动。

创造型设计就需要一定的功底，比如做一个活动承接页面、设计广告素材、设计宝贝详情页、策划主图等，这些原创类设计就是设计师所要做的内容。

在电商设计中，最浪费的事情就是把创造型设计当成任务型设计，最悲惨的事情就是把任务型设计当成创造型设计。

一般公司里面都有设计师和美工，通常意义上理解美工是打下手的，设计师是大工，就好比建筑工地上分的大小工种，当然这是按照技术难度高低来进行划分的。

设计工作是艺术，设计师不是搬运工。

我们在招聘时也常常分不清美工和设计师之间的区别，但千万不要把美工当成设计师，把设计师当成美工。美工要如何变成设计师，或者说一个优秀的设计师是如何养成的？这个问题我回答不了，但我想最核心的一点还是取决于想法，取决于思考能力的高下。

初期，越是基础的中小卖家，我认为越需要进行系统的设计模块化管理。何为模块化管理？很简单，就是按照模块功能进行区分、细化（本文后面会有模块化管理的全部内容，希望对大家有帮助）。其实目的只有一个，就是通过不断地拆解，找到自己设计能力薄弱的环节，这样才能对症下药，因为知道了问题出在哪里，就已经解决了一半问题。

产品设计

页面设计的源头就是产品设计，电商的页面设计一般都围绕着产品、围绕着卖货做文章。如果产品本身设计得不好，后期就会始终存在漏洞。如果把页面设计比喻成化妆，那么太迷恋化妆的人就容易吓到自己，更容易吓到别人，因为总有素颜的时候。

说到源头，那么问题来了，我们需要什么样的产品设计？

先问大家一个问题，你认为加多宝的包装，无论是以前的红色，还是现在的金色，好看吗？老干妈的包装这么多年了，好看吗？为什么这样的包装还能卖得这么好，是什么道理呢？

这就是一个很有意思的“梗”。

看一个问题，要看到这个问题的背景和条件。加多宝和老干妈崛起的时代是终端为王、渠道为王的时代，所谓的终端渠道如超市、小卖部、饮料店、饭店的货架等，请问在一排全是饮料的货架中什么颜色最好认？好认，这是第一点，是前提。

第二点，以王老吉为例，广告烧那么多钱，大家看了广告，去超市一看，不好找，不容易识别，这个转化差距不就大了吗？那么就需要产品包装最佳识别的颜色和设计。

它们是符合这个特点的，但是到了互联网时代、电商时代做快消品就不是这样了，用户先看到的是产品图、是设计图、是照片，这个套路就要变招了。

我虽然不知道具体如何做产品设计，但是我知道产品设计需要有一个基本的原则，那就是与众不同。在功能、材质、外观、颜色等方面，能够不一样的地方，就做得不一样。

那么产品设计究竟需要如何配合整体的设计战略呢？一是产品内设计，属于工业设计范畴，也就是各个部件、各种维度设计。标品设计有几个原则，通过改动设计、颜色、功能来提升区别度，但这不是很明显，一般都是在工业外观进行设计，因为杯子只能是杯子，椅子也只能是椅子。

二是在产品外观上进行设计，如包装设计，包括各种包装辅料、说明书等，产品本身没法改的就只能改包装了，比如被子、化妆品、饮料、胶囊等。大部分行业都在包装上加大了投入，设计出与众不同的感官体验，目的也就是要做到与众不同。

很多商家调整方向时错误地判断了条件，把上一个时代终端渠道的玩法用在了电商时代，用错了场景。

产品设计是原点，从这个原点出发，我们可以更轻松地调整出商业竞争策略，在源头上便相对容易一些，否则就南辕北辙了。我认为产品设计能力大部分来自于对消费者场景的敏感、对自身行业的敏感，这是学校里面教不出来的。

归结起来一句话：与其更好，不如不同！

关于设计工作的沟通

设计工作本身就是一种消费者沟通、一种表达，描述了所有在做的事情、提供的产品和服务、展现出来的实力等，所以沟通在设计过程中无处不在。

其实，设计工作的沟通往往也就是非设计人员与设计人员之间的沟通，这是主要的沟通工作。在互联网公司一般有一个 PD（产品经理）的角色来协调运营和开发之间的工作，我认为设计和运营之间也需要这样一个角色，可以称为 DD（设计经理），一般由设计主管或设计组长来兼任。过多的设计工作需要和设计经理进行沟通，从这一点上说组织架构也需要变更。设计经理和产品经理一样，不是一个管理岗位，而是一个沟通岗位。

小到一个 Banner、一个直通车图，看起来不起眼、非常小的一个素材，如果有 10 万、100 万次以上的展现，那么是不是一件非常重要的事情？所以从这一点上说，所谓的重要设计或不重要设计，和所处的位置、阶段、公司的战略战术息息相关，而和设计难度无关。因此，在设计沟通的内容上，要以重要性，而不是以设计难度，更不是以完成时间为衡量标准。我们在一个页面上花费的沟通精力，往往比设计一个有 100 万次展现的 Banner 的精力多多了，这难道不是一种本末倒置吗？

设计工作需要充分沟通，而往往会造成沟通过度或者沟通不足。理论上说，没有一次沟通是"刚刚好"的，刚刚好的状态是不存在的，要么过度，要么不足。

先说沟通不足，有以下几个表现：

比如做一个页面，设计人员做完了才给运营看，结果导致设计全部推翻，需要重新设计；在设计过程中，非设计人员完全不参与，等着最后的页面呈现；没有告知设计的重要性和意义；没有确定最终成稿的目标水准和参考……难怪最后做不出来好东西。

反之，也会存在沟通过度的情况，有以下几个表现：

设计策划会议一群人开一天，给出十几个创意和方向；全程设计运营都坐在设计人员的旁边，形成多人监工状态；每一次提出的修改意见，都要全体参与修改比稿；给了很多关于页面的参考，画了很多框框；所有人都知道这个页面上的每一个信息和文字；留给设计人员做页面的时间非常短，大部分时间都在开会想创意……

我认为宁可沟通过度，也不要沟通不足，管理上的问题多半是沟通不足导致的，在设计内容沟通上也一样。只要沟通就会有漏洞，有信息不充分的时候，最难的就是把自己的想法表达出来，并能与他人达成共识，这是所有能力里面最重要的。

沟通不是单向的，作为设计师更要做的是需求管理。设计经理需要帮助非设计人员进行需求分析，真正提炼出他们想要的结果，所以要问需求方很多问题，也要探讨很多创意，解决很多技术难点和疑问，同时还要寻求各个部门的帮助，比如客服关于客户对产品的反馈等。

所以说设计经理是一个非常重要的岗位，最难的就是要做需求管理和设计沟通的工作。

如何高效组织设计工作

我们需要如何高效地组织设计工作呢？

当然答案有很多。我的回答是找到靠谱的设计经理，拥有靠谱的设计团队或者资源，然后进行充分沟通。

往往越是简单的东西越难以实现。比如如何吸引人、找到人、留住人，这就又回到“四大虚”上面去了。

如果再简单一点，我更倾向于找到一个靠谱的设计经理，通过整合设计资源，比自己空养一个设计团队要好得多。而其他资源都能整合到，在**互联网时代，能够找到的资源都可以为我所用。**

对于大部分开店类电商来说，设计工作其实是非常有限的，充其量就是设计首页、详情页、主题、推广图、活动页等。这些设计内容是确定的，我们要把内容分解模块化，比如分成服务模块、产品参数模块、促销模块、广告模块等。

核心的关键是结果，我们要评判出好的、不好的、惊喜的，如果结果不够明确，那么是生产不出来好内容的。

再回到前面提到的两个宣传单案例中。从表面上看，只是一种创意而已，一家公司有创意，一家公司没有创意，但本质是在每一个环节当中对所做事情结果的把控。说到底，没有创意的那家公司就是把宣传单当宣传单而已，为了做而做。我们常常能够看到很多这样的例子。

为了做详情页而做，为了投直通车而投，为了上活动而上，为了刷单而刷单，从来不问自己为什么要这么做、做到什么样叫好、什么样叫不好、为什么会不好、影响结果的关键因素是什么。很多人错把方法当成了目标，比如为了冲销量而冲，就是那个数字而已，结果亏得一塌糊涂。

所以在影响结果的重要节点上，如果没有投入很多精力和资源，往往是做不到高效的。因此，我认为找到一个靠谱的设计经理，就是所有设计工作的关键。目前好像还没有这方面的培训，我建议那些靠谱的培训公司，能够更有效地培养这样的关键人才。他们应该具有如下几个特点：

- 拥有高于一般人的审美能力。
- 善于沟通表达，能够统筹协调各项设计工作。
- 善于做出关键设计的选择和取舍。
- 拥有艺术家气息的知识工作者。

我认为除了审美能力，其他特点都是可以培养和训练出来的，因为培养审美能力非常难。

7

服务是同客户的连接

为人民服务。

——毛泽东

客户虐我千百遍，我待客户如初恋。

——电商人自创

商业的真谛是将自己的脚穿到客户的鞋里面，体会客户的感觉。

——汽车大亨，亨利·福特

服务即产品

服务即产品，从定义上说，所有形式的产出都是产品，比如服务业提供的就是满足消费需求的服务。我认为物质的产品是实物，可以看得见摸得着，而服务是虚的，我们常说感觉怎么样，其实这个“感觉”应该分开讲，实物产品的东西靠觉，而服务则靠感，这两个是完全不一样的。虽然说服务的概念和所提供的产品是一样的，但从客户接受的方式上讲，服务更多元和抽象。

电商人对客户的服务存在于旺旺的字里行间，存在于电话语言中，存在于细节中，存在于合作快递员的包裹里，这一切又都存在于用户的感觉中。因为感觉是主观的，主观的就会有差异，我们面对的千差万别的多样性。所以我认为服务的基础模板是需要的，但更重要的是灵活、个性化的应对。

举个例子，做服装的电商客服经常会被客户问道：5 种颜色，你说选什么颜色好呀？绝大部分客服都给了标准答案，回答类似于“亲，不同的人有不同的喜好，你可以根据自己的喜欢购买呢”。这种回答就是一句空话，起不了任何作用。灵活的方式就是要思考，这个时候客户提的需求其实是想让你帮忙做决定，你就要给其肯定的选择。比如案例推荐型，“这款衣服我朋友前天刚买了，她选了黄色的，黄色非常好看；数据说服型，“我们这里大部分人都选了黄色的，黄色非常好；引导型，“亲，平常如果以休闲为主，就选黄色的，黄色让人心情舒畅……服务是多样的和灵活的，因为你面对的是不确定性非常大的人，而不是机器。

我们在为不同的客户提供服务时，一定要灵活地加以区别，不能用机械的方式。所以说培养优秀的客服，是一个长期的、综合的系统修炼。如果客户问“是蓝色的好还是红色的好”，你回答：这要根据不同人的不同喜好来选择，亲。客户再问“能不能便宜一点”，你回答：根据公司的规定，是不能的，亲。这样的回答，你只是把客户当成机器而已。服务不能机械应对，而是要积极、个性化，有些通用的涉及产品的专业知识可以模块化，但也需要口语化，客户不需要知道空调的变频原理是怎么样的，只要使用价值，客户也没有兴趣知道你们公司售后什么时候上班、财务流程是怎么样的，只要能够解决问题就行。服务都是个性化的。

服务有同步交互的特性。所谓同步，就是你说出一句话，做出一个举动，对客户都会有影响并进行同步反馈，有的是正向的，有的是反向的。这种交互需要双方在同一个场景中，比如同一次聊天、同一次通话，相互影响。

服务是动态的。所谓动态，就是一点点积累起来的。从一开始两个陌生人慢慢沟通，变成了朋友；从一开始的抗拒变成了接受，最后下单。服务开头都是做铺垫的，你要试着了解客户的真实需求，从其文字、语言中慢慢摸索，了解清楚，提供清晰的有针对性的回答，做深入服务。

从上面介绍的几个服务特点能够看出来，越是高询单价的产品，在未来的电商竞争中就越有机会。什么是询单价？就是在一定时间内，通常是一天或七天，所有询单成交额除以所有售前询单量得出的值。这个概念基本是我原创的。询单价的概念反映的是客户询单的单位价值度。比如每天接待 100 人，询单成交 1 万元，那么询单价就是 100 元；每天同样接待 100 人，询单成交 2000 元，那么询单价就是 20 元。你看到了没有，基本客服的服务人数都是一样的，商业效率前者高太多了。那么他就可以做更精细的个性化，而你就要追求规模效应。大家体会一下其间的差异，具体的就不展开说明了。

所以只有追求高询单价的客群，使用这种精细打磨的服务方式才能发挥得淋漓尽致。注意，不是高客单价，这是两个概念。

我们要深刻理解，买卖的决定权在买方，所以你花钱做营销也好，做广告也好，做服务也好，做产品也好，是不是应该以一种 99.99%的成功率的心态去应对呢？结果我们把一种确定性变成了概率，变成了碰运气，很多人找男女朋友也一样。

我们把这个时代又叫作体验经济的时代，卖什么都是在卖体验。而所谓的体验，就是把所有决定权交给客户，让客户体验到那种被追求的感觉，从而吸引到对方。这种方式就来自于人与人之间最真诚的相互吸引的关系。电商颠覆的是人与人之间的沟通方式和沟通渠道，而本质没有任何改变，目前的电商注定要回归到遵循客户体验基本法则上面，这也是服务所承载的商业重担。

总结：开店类电商，是一个把人变成流量的过程；而电商服务，就是一个把流量变回成人的过程。

电商服务不光是客服

电商服务不光是客服部门的售前售后职责，而是要整个团队中的所有成员都要有服务意识，都要把自己当成冲在最前面的客服人员。

大部分电商人眼中的服务就是客服，就是旺旺聊天。服务在整个电商中是极其重要的一环，尤其是以淘宝为代表的开店类电商。在我看来，这类电商的客户触点就是能够接触到客户的地方，一共也就三个半触点。哪三个半呢？

第一个是视觉，也就是设计内容，用户看到页面、广告、详情页等视觉效果，这是一个接触点；第二个是询单，用户通过工具进行文字、语言、视频等沟通，不仅仅是通过旺旺，其实很多内容也是询单，比如客户阅读文案，是被动询单；第三个就是用户收到包裹实物，看到包裹外观及使用效果，也就是体验，这就是我们所说的实物产品；而最后就是用户可能有相关的售后问题，算半个，所以说合计三个半触点。

客服占了一个半，还有一个是设计，一个是产品，所以提升客服的服务，就是提升同客户的所有触点。产品、设计、服务这三方面内容包含了同客户的所有触点，因此它们具有统一性和系统性，对末端的客服服务进行调整，还不如对前端的产品进行调整更有效。比如对于产品的售后问题，一方面要提升客服的售后应对技巧，另一方面其实可以在包裹里面提前放好项目的产品问题说明。这一点很少有商家在做。

举一个实例，我以前做羽绒被类目，那时经常有客户反馈，说被子里面有黑绒。这是什么情况？这是一个专业的产品问题，客服也没法说明，有的客户直接就写在评价里面了，造成了很多误解。其实这是一个羽绒专业知识，但客户不懂，所以我们就要进行引导。于是我们做了测试，除了告知客服专业回答之外，我们也在产品端做了微小的改变，在所有被子包装上贴上一个拆包必看产品说明，上面写：

关于羽绒中黑绒（异色绒）问题

羽绒被里面少许的黑绒专业术语叫异色绒。我们的羽绒原料是符合国际标准的，异色绒同羽绒被的保暖性和质量没有关系。羽绒是一种纯天然的自然产物，而非工业制造，因此绒朵颜色有差异是正常现象。

之后，关于此类问题的询问和评价几乎杜绝了。所以商家要思考一下自己的类目有多少专业问题。我们知道但客户不知道，或者客户以为自己知道，有多少我们忽视的观念，要把这些内容体现出来，慢慢改进，帮助客户扭转。

客服的重要性还体现在抱怨汇总上。所有好的、差的客户反馈信息都会汇总到客服那边，产品用得好很少会向客服反馈，但差评一定会反馈。对这些抱怨进行汇总就非常重要，因为能够让我们发现产品的改进方向，也能让我们提高内部效率。

不过很多商家认为客服产生不了效益，因此在电商公司中大部分客服都没有地位，基本和打包发货的差不多，这是目前大部分公司的现状，尤其是对于标类产品可能越来越不重视了，但是对于非标类产品，特别是定制类的，客服的销售属性已经远远大于服务属性，所以应该叫作销售客服。我建议商家把团队中客服的工作名改改，不要叫客服了，而应该叫销售顾问或者网络销售。

接触即销售

电商客服我认为至少有 5 个角色。哪 5 个？一是空姐；二是地推销售员；三是电视购物导购员；四是直销或保险推销员；五是公务员。其实还有一个是打字员，现在来看这已经不是问题，基本上“80 后”“90 后”不会打字的非常少，目前应该也没有打字员这个工种了吧，基本上和会骑电瓶车一样，所以可以不算在内。

下面我逐一解释这 5 个角色。

第一个角色是空姐。现实中空姐就是要漂亮、好看，也要端庄，她们代表着背后的航空公司实力和水准，而电商客服代表着店铺的素质和专业度。客户一问三不知，这样的客服已经把整个店铺的水平摔在了地上。空姐代表的是服务专业，也可以说是一种专业精神。

第二个角色是地推销售员。比如扫楼的信用卡推销员，他们走街串巷，不厌其烦地推销信用卡，还有推销其他类似产品的。对于他们来说，更多的推销才有更多的收入。电商客服也一样，每一个来询问的客户都要接待好，有时间还要主动催付，把销售工作变成体力活，这代表着一种勤奋精神。

第三个角色是电视购物导购员，还可以称为导购演员。大家应该都看到过电视里面的场景——夸张的脚本、浮夸的小品一样的演技、喝涂料吃油漆、扮董事长等，有时候还有声嘶力竭的呼喊。这么夸张的事情居然是一个几百亿元的产业，你不觉得奇怪吗？因为他们把握住了电视购物人群的人性弱点，通过表演、剧本策划形象地演绎出来。电商客服就需要演绎，比如卖男性用品的客服，就要假设自己有男友，要以他们的心理视角或者以送男友的心理来服务。这是一种娱乐化，代表着娱乐精神。

第四个角色是直销或保险推销员。最有代表性的就是安利直销，目前大部分微信分销也属于这种模式，动不动就用人类的美好精神，相互之间称呼为家人等。他们表现出来的是全世界最友善的人，打其左脸会给你右脸，具有要赚所有人钱的包容心和宏大的愿望。电商客服有时候就要感动客户，就要把客户当成朋友。这是一种同理心。

第五个角色是公务员。很多人奇怪，公务员代表什么呢？公务员通常是按规则、按流程、按规章制度办事，准点上下班。电商客服也要按既定的游戏规则，代表公司利益，无论怎样都按规章制度办事，没商量。这是一种原则性，是一种能够尊重游戏规则的服从精神。

这么多能力综合在一起才能做好一个网络销售顾问。所以千万不要看不起客服，这个工作不但重要，而且学问很大，还很难，那些把客服岗位定义成劳动密集型工种的电商老板们还是洗洗睡吧，好好干你们的工厂吧。

可以这么说，同样的店铺，不同的人接单，效果完全不同，这种效果上的差异和高下，随着时间的发展会变得非常大。所以作为运营总监、电商项目负责人，一定要不定期地当一当客服，接接单。电商负责人都在各个前线岗位上安排了体验时间，尤其是关于客户触点的事情。你看看京东的刘强东，你再忙，没有时间，我想你的时间总比东哥多吧。这只是个借口而已，真的想做，总有方法；而真的不想做，总能找到借口。

我自己接单，一般转化率是在70%以上，而客服平均是50%，有时候不是因为我的接单技巧或者产品知识比他们好，而是我真的把客户当作自己的朋友。我心里时刻在想，如何热情地给一个老朋友推荐有价值的产品，让他称心如意？心态决定了实际的效果和结果的差异，这也是为何《第五项修炼》把其放到第一位的原因。

如果你经常逛服装批发市场的话就会发现，大部分店铺都是老板娘在接待，也就是在做导购销售。道理其实很简单，门店位置不变，装修不变，时间不变，如果是老板娘在门口接待，一定比雇佣的销售成交率高，所以店铺请人效果差，夫妻店就自己来吧。这个成交的背后是一种渴望，是对每一个客户的热情和灵活。不信的话，你可以去观察，随便进一个店，就能看出来接待的人是打工的还是老板娘，屡试不爽。

回过头来我们要思考这个有趣的问题，如果能把所有的客服都变成老板或老板娘那该多好啊！这就是终极目标，方法有很多，包括激励、系统、数据、培训等，逐步地调整和提升整体的服务水平逼近那个目标。但我要说的不是这种方法，而是企业文化起到关键作用，公司不把客服放在第一位，还想着客服能把客户服务好，那就是自欺欺人。

服务团队

网上有很多所谓的干货，比如，如何在短时间内提高客服转化，如何提升客单，如何做老顾客，如何提升客户复购率等。我从来不相信速成法，我承认在某些方面这些干货或许有点用处，但归根到底这些都是皮毛，都是表象，我们还是要回到“四大虚”的事情上面，也就是文化、战略、人和管理。

首先是客服团队，这里把人放在了第一位，对于任何事情，人都是第一因素。一个团队最主要的就是两个组成部分，即一个核心负责人和很多团队成员。千军易得，一将难求，也是在说明核心人员、领军人物的重要性。

能够做好客服工作确实需要天赋。大致来讲，在招聘客服主管上有多个方向，有的公司愿意招募400电话客服主管，或者类似的岗位，这有很大的好处，一是抗压性和专业度非常高，二是服务力和勤奋完全没有问题；缺点是不太容易转变思维，即在电商专业和产品专业度上需要很长时间的提升。

其次就是内部赛马，即海选出来，好处是内部选拔可信任度高，但招募时间周期非常长，还有很大的不确定性，同时受到内部的框框限制，没办法跳出现有的水平。而且通过内部赛马方式选出来的有可能只是客服当得好，但未必能做好一个主管。

最后就是找电商同行，精准定向挖人。这种方式用得比较多，向上挖人，能够用上更先进的服务管理经验。缺点就是费用高，而且由于是空降，磨合期会比较长。

初步来看，这三种方式都可以解决客服负责人的问题，只是各有利弊。完整的团队建设需要很长的时间，也需要不断地打磨。有的公司是先选头，再选团队，这个思路也没错，头选好了、选对了，整个队伍才有主心骨。

关于团队成员的招募问题，这里就不展开介绍了。只是招聘部门对客服团队的重视程度需要提高，虽然每个公司都有核心部门，但说实话，客服部门需要大家从源头上重视。大部分电商公司基本上是这样的思路，招人进来，没有经验的一律先做客服，客服做得好，又有点想法的，再选出来做运营。其实这样做是错误的，无形之中就认为运营比客服高一等，客服的上升路径就变成了做得好客服才能当运营。其实，对电商来说，只是岗位分工不同，客服可以有完善的升迁机制，从客服专员一路做到首席体验官，甚至是最高负责人。当然中间也可以转岗，但绝不是因为客服做得好就可以做运营。这是当下电商公司的通病，很多问题的源头就在这里。

从另个角度说，在团队内部一定要打造能从底层往上升迁的通道，任何公司和部门都需要这种机制。

服务文化

有了人，有了牛气的销售团队，有了厉害的领军人物，这样是不是就万无一失了呢？其实未必，说到底还是人性，因为人是有精神层面思考的，还是要回到文化基因这个体系中去。

下面和大家分享一个爱因斯坦的故事。

有一个年轻人曾问爱因斯坦，“作为当代最伟大的科学家，你觉得什么是这个时代最重要的科学问题？我不要你有答案，我只想知道什么是这个年代最重要的科学问题。”爱因斯坦说，“嗯，这是个好问题。”大概过了 15 分钟，爱因斯坦看着年轻人，眼睛里闪烁着光芒，年轻人知道他有答案了，他问答案是什么。爱因斯坦说，“年轻人，如果真有什么关于最重要的科学问题，我想就是：这个世界是善良的还是邪恶的。”

这个年轻人说，“爱因斯坦先生，这难道不是一个宗教问题吗？”爱因斯坦说，“不是，因为如果一个科学家相信这个世界是邪恶的，他将终其一生去发明武器、创造壁垒、创造伤害人的东西、创造墙壁，把人隔得越来越远。但如果一个科学家相信这个世界是善良的，他就会终其一生去发明联系，创造链接，发明能把人连得越来越紧密的事情。”

这就是文化价值体系对现实世界的反馈。就像前文所说的，如果你真的想做，一定会去找做的方法；而如果你不想做，一定会找理由和借口。

我们的服务文化追求什么样的核心价值，我们的团队就会变成什么样。关于这个案例，大家可以看看《日航重生》这本书，我认为这是一本关于理念、关于文化价值如何转化成商业效果的最佳案例。

我认为国内做得比较好的是海航，有兴趣的读者可以自行查阅海航的服务理念全文。

大家可以根据自己的行业特性，根据自己的价值取向，根据企业的目标和理想，将服务文化落实到每天处理客服询单和售后当中，并慢慢地去养成。每天记录服务案例，每天分享提高，相互学习，弥补漏洞。文化价值体系指导工作，也来自于每天实际的工作，来自于相互之间的处理行为，而不是简单地把这些内容变成墙上的文字。

这是一种服务文化，销售文化也是同样的道理。一个完美的客服团队，一定有完美的服务文化和销售文化，否则就是一种浪费。

服务战略

对电商服务的整体策略分析和实现路径要上升到战略的高度上来。服务可以作为核心竞争力，我们看到很多企业前期只有服务能力，但慢慢地形成了其他价值，而作为核心价值的服务成了公司初期的必要基础，尤其是在移动互联网时代，服务也可以变成流量来源。

我有一个朋友是开食品店的，她想尽办法加大部分淘宝的核心老顾客的微信号，一共加了几十个微信号，每个号超过 2000 个接待量，也就有几万个核心会员。这几十个微信号分配给 8 个微信服务专员，当然他们的工作不是每天发朋友圈刷屏，而是真的把加上微信的客户当成朋友一样聊天互动。你说这有多少技术含量，人员组织和文案管理就是核心竞争力。就是靠这种方式成就了她去年 4000 万的销售额，几乎没有营销费用。微信作为沟通工具绝对是一流的，它可以让你同客户的触点频率大大提高，而且在不知不觉中就达到了营销目的。我发现一些淘宝金冠店都是在初期就开始同核心客户保持很好的朋友关系，只要一看到这些客户的 ID 号，就能知道他们买过什么，简直就是人肉 CRM 系统。很多客户累计消费都超过 10 万元，他们的忠诚度之所以如此之高，靠的就是时间积累起来的那份信任感和熟悉度。如果你守着这样的客户不去做对应的运营，不去改变，不去把他们当成流量，就相当于守着一座金山而在山脚下种地。因此，客户的价值远远大于一次成交。

举这个例子就是为了说明整体的运营策略重点在提升服务上，从服务这个单一维度突破，也是一条非常好的路，关键看你是否能够找到战略。不明白的回头再去看看前面关于优势思维的分析方法吧。

还有服务战略，提升到竞争层面，形成服务体系、客户管理体系，定期高效地同客户接触。这些系统建设一方面能够提升服务效率，另一方面是为了让客服个体的区别变小。怎么理解呢？在没有这些系统内容时，一个客户的价值转化取决于客服的接待水平，那么客服个体的水平高低就使他们之间产生了差异。但如果系统成熟，能够使用各种工具、成熟的方法、技巧，即使接待水平或天赋差一些，也不会影响平均结果，这就是体系建设的好处。就像历史上火器的出现，也是体系的创新、工具的创新，打破了冷兵器时代的个人英雄主义。在火器时代不需要体力很好，不需要能够一人单打 10 个人，因为在枪械面前大家都差不多，只要会躲会开枪，听指挥就好。这就把个体的差异尽可能地缩小了，这时素质差异变小了，而智慧差异和信息差异就变成了战场获胜的关键。

客服个体差异的缩小，就是不确定因素的减少。这就是服务战略层面的思考，用体系化建设降低客服服务的不确定性。前文介绍的那位开食品店的朋友对如何加客户、如何发朋友圈、如何聊天都做了明确的规范，只要是一个靠谱的员工基本都能够很好地胜任。今年他们又获得了一大笔投资，成立了垂直电商平台。

所以服务可以成为流量入口，可以作为一种电商战略。

服务管理

服务管理，其实应该叫服务业务管理和服务团队管理。

电商要对服务业务管理进行数据化。能够用数据说话的地方都要数据化，这就是电商最大的效率提升器。举个例子，一年下来，你知道公司的客服一共打了多少字？人均多少字？每天接待多少人次？一年接待多少人？平均接待一个客户要多少费用？产生多少价值?……每个数据会让你有不同的思考。比如可以通过每接待一个客户的成本来决策招人和客服工资，每天接待多少人次来分析工作量，以及是否可以安排其他工作接入等；比如公司客服团队一年要打 400 多万字，这些数据虽然没什么用，但是能让人感觉有种暖暖的成就感；再比如询单转化、响应时间、服务时长等数据，这些数据的 PK 和提升就是数据化服务管理的体系；还有团队管理中的激励机制、晋升路径、职位、分工、各种管理工具的应用效果检测、选款等。

一个电商公司的服务团队不是一下子起来的，基本都经历过慢慢蜕变和提升。电商团队一定要有数字指标，一个是自己昨天的数据，一个是行业平均数据，一个是行业 Top 数据，一定要朝着这些数据目标去努力，慢慢提高团队水平。

服务水平的高低，其实也是平台分配流量的重要依据，这一点对前端搜索的体现非常明显。还有一点，淘宝会越来越清楚商家背后的实力，通过数据还原出商家本来的真实面貌，究竟是什么实力水平。其实一个店铺需要修炼的维度和调整升级的维度非常多，关键是要提升目标，才能知道差距，同时思考提升方案。

我经常听卖家朋友说自己有这个优势、自己有这个很牛的产品，其实所谓优势，是比较优势，不是和自己比，而是和竞争对手比；所谓优点，是比较优点，不是自己认为的优点，而是客户选择的优点。电商有很多模式和流派，比如低价跑量流、爆款流、产品流等，我认为再加上服务流，也就是当其他维度都没有优势的时候，你做出特别出众的服务，也可以成就自己的电商。

客户满意度其实是个伪概念

毫无疑问，购买的整个过程决定权在客户。决定权在客户，并不意味着我们什么都干不了，恰恰是因为这个体现出商家之间的差距，体现出竞争的乐趣。比如很多时候客户不购买产品，不是因为价格，而是因为还没有找到购买的理由，这个购买的理由必须要商家说给客户听。

所谓购买的理由，就是客户要购买产品的直接动机，最关键的影响决策因素。比如静音马桶，一个马桶好几万元，一般人不会用也不会买。但对于真心不差钱的用户，如果你告诉他这个马桶买给爸妈用，尤其是中老年夫妻。你想，其中一方晚上起夜，马桶轰的一声，另一方被吵醒，结果一晚上没睡好，很容易神经衰弱。这是给爸妈最好的礼物，而且孩子不在，每天都能想起孩子的孝心，爸妈睡眠好，自然身体就好。购买这个产品所给出的理由其实是孝心，所以对于这个理由就要精准地找到适用人群。

而我们作为服务提供者，一定要思考任何产品都需要这个购买理由，对于不同的人，理由还可能不同。回到客户满意度上，所谓满意度，是指没有给出合理的理由，客户觉得不值得其付出，无论是在时间上还是在金钱上。

再举个例子，比如《罗辑思维》，事先有个视频，加上 60 秒语音，再提供一篇书评文章，各个维度详细介绍该书，最后总会有一个理由击中你，让你购买此书。所以我买了很多罗胖推荐的书，尽管有些书还都没拆过看，但我认为是值得的，因为每一本书都有一个让我购买的理由。

我想罗胖在推荐一本书之前，一定都是倒过来想的，本书有什么理由推荐给朋友呢？然后顺着这个思路去做内容。

比如本书，其实就两个购买理由：一是给电商老板们的购买理由，看了之后能够防忽悠、能落地；二是给所有电商从业人员的购买理由，不要成为除了刷单一无所知的运营，如果你想升到更高的电商职位上就看本书。

三个触点“三大实”

总结：“电商六大实”中前“三大实”的内容理解起来比较容易，就是产品、设计和服务，即同客户发生关系的触点，所以其实这三件事都是在做连接。

- 产品，包括有形的产品、无形的产品、口碑、内容等，以及看不见的产品设计和供应链管理。
- 设计，包括视觉感或艺术感、页面、广告图片等，看起来是否舒服。
- 服务，就是看消费者是否高兴、感官是否舒适、是否愉悦、是否惊喜、是否能够产生正向波动、是否能够获得记忆和连接。

所以对这三个触点我们要努力来做，在客户看得见的地方都要投入重点资源，不断提升这些板块。客户看得见的地方，才是核心竞争力所在；而客户看不见的地方，是我们修炼内功的地方。外在是招式，内在是功底，所以内功的最高标准都是为核心竞争力服务的。无论时代如何变化，我认为对于这三个触点的修炼不会改变。

8

平台电商营销的基本套路

营销并不是以精明的方式兜售自己的产品或服务，而是一门真正创造顾客价值的艺术。

——营销大师，科特勒

予人以利，受人欢迎。

——蓬培基（Pompeji）遗址碑文，公元 71 年

营销四境界

如果你直接跳过前面的几章，先翻到这里来看营销内容，那么你一定是个非常猴儿急的人，你应该非常喜欢看那些所谓的大神写的电商干货吧。同时，你也迫切希望能够得到快速变成高手的武林秘籍，能够拥有一招吃遍天下鲜的武功。那我就要泼你冷水了，如果你抱着这样的观念做电商，还是洗洗睡吧，因为这里所有的内容都解决不了你的问题。

而如果你是一章章看过来的，那么恭喜你，至少你已经具备了理解营销的大前提。

先问问大家，什么是营销？什么是推销？什么是促销？什么是品牌？

网上流行过一个泡妞（本书无贬意）的段子：

（1）男生对女生说：我是最棒的，保证让你幸福，跟我好吧。这是推销；

（2）男生对女生说：我老爹有 3 处房子，跟我好，以后都归你。这是促销；

（3）男生根本不对女生表白，但女生被男生的气质和风度所迷倒。这是营销；

（4）女生不认识男生，但她的所有朋友都对那个男生夸赞不已。这是品牌！

你看是不是非常形象？几乎很到位地解释了它们之间的区别。

我的理解是，推销是你去找目标用户，属于体力活动；促销是你为了目标用户加速变现，应该属于手段；而营销是做流量，主要是让用户过来找你；而品牌是让用户找你更方便、推销更方便、促销更方便的一个武器，这个武器要慢慢积累，更像是在养孩子，最后孩子变成什么样，是不是能成才，取决于很多因素。

而教科书里介绍的营销，是关于企业如何发现、创造和交付价值以满足一定目标市场的需求，同时获取利润的学科。这个理论其实已经是大营销了，此范畴应该就是企业的终极追求，也就是创业追求，这是在更大的范围内理解营销的重要性，或者说营销学作为一门独立学科的重要性。

作为电商人，虽然不用像学院派一样去啃教科书，背诵各种营销名词解释，但还是有必要从做事上升到做事的方法论上来。这是一种看问题的角度，或者是一种思维方式，经常锻炼自己，有助于商业思考体系的养成。我再强调一下，本书所讲的营销单指开店类电商的营销。

下面讲一个关于财富的故事。

从前在开罗有一个年轻人，他在自家花园里的一棵无花果树下做了一个梦。梦中，有一个人来拜访他，这个人浑身湿透，从嘴里拿出一枚金币，对他说："你的财富在伊斯法罕，你去拿吧。"于是，这个年轻人就按照梦境的指引，踏上了前往伊斯法罕寻宝的道路。晚上，他宿在一个清真寺里，碰上当地巡逻队队长率领官兵来捉拿盗匪，结果盗匪没捉到，却将这个从开罗来的倒霉孩子捉去审问。巡逻队队长问他为什么要到伊斯法罕来，他就向队长讲述了那个梦。队长听了哈哈大笑，笑得把嘴里的臼齿都露了出来。队长说，"你太傻了。我一连三天都梦见开罗的一座房子，庭院里有一个花园，花园里有一座日晷、一棵无花果树、一个喷泉。无花果树下面埋着大笔的财宝，但我是不会去理会这些荒诞的梦的。”从开罗来的年轻人吃惊地发现，队长梦中的那个庭院正是自己在开罗的家，于是他就回家了，从自家花园的无花果树下挖出了一大笔财宝。

通过这个故事你想到了什么？我们在和他人的交互中可以发现自己的财富，财富在自己这里，所以几乎所有的中西方先哲都在教大家发现并认识自己，我们能够改变自己，就是能够改变世界。只有通过与他人的交互，才能发现自己，才会知道自己拥有什么、缺少什么。

看一个人的格局要看其对手。营销最大的主旋律就是竞争，如果是垄断、无敌，那该多么寂寞，同时也就意味着停滞，因为很难再有突破，也就失去了酣畅淋漓的感觉。

究竟谁是你的真正对手

在做营销活动之前，首先要看清楚竞争对手。从某种意义上说，开店类电商营销的本质就是如何让平台上的客户来找你，而不是去竞争对手那里，也就是如何高效地获取平台流量。

现在我们来探讨几个大平台的竞争对手究竟是谁这个问题，有利于大家真正理解开店类电商的核心模式。

你认为淘宝的竞争对手是谁？

你可能会说最开始是 ebay，后来是有啊、拍拍，现在应该是京东吧。不就是这些竞争对手吗？嗯，它们是竞争对手，但却只是表面的对手，真正的竞争对手另有其“人”。

答案先不公布，后面再解释。再问一个问题，你认为聚划算的竞争对手是美团吗?

其实根本不是美团。记得我刚刚入职淘宝的时候，做了一个长长的PPT，分析聚划算在团购竞争中的种种打法，还洋洋自得，在内部团队之间到处分享。很多年以后，我才明白其实聚划算真正的竞争对手不是美团、糯米、拉手这些团购网站，而是唯品会。为什么呢？我们来展开分析一下。

其实聚划算本质是淘宝产品的限时抢购模式，而唯品会是全网商品，或者是全渠道品牌的限时抢购模式。美团应该是服务类市场的闪购模式，但是服务类市场讲究所见即所得，比如要吃饭的时候才会想有什么好吃的，才会打开美团搜索，所以美团慢慢就变成了本地化优惠券搜索平台。我们来看，聚划算本来至少是一个唯品会体量的公司，或者是比唯品会还大的公司，唯品会市值差不多 100 亿美元，相当于 20 个当当网。我们事后来说，当年一度盛行的入仓模式，不就是唯品会模式吗？可能是阿里的思维误区或者思维定势，一味地想要做轻，他们不愿意尝试新的模式，甚至看上去有点重的模式，所以后面才有俪人购、天猫超市等模式。我认为这是一种创新尝试，只是切入的时机已经晚了。当然，聚划算还有其他方面的原因，这里就不展开讲了。

所以说找到竞争对手或者对标公司是多么重要。有了实际的方向，比空有一个在多少年内成为某个行业全国第一要实际很多，最关键的是能够根据同对手之间的差距、战略差异，调整各种策略、战术，整个布局和节奏也会非常清晰。

讲到这里，你认为京东的竞争对手是谁？这个问题留到最后解释。

回到我们的引子问题上来，究竟淘宝最大的竞争对手是谁呢？

答案是百度！

怎么会是百度呢？八竿子打不着吧？那我们慢慢来分析。众所周知，百度的盈利模式就是用所谓的交叉补偿理论，用户使用搜索免费，各种广告主买广告位收费，也就是搜索竞价排名广告。所以百度之前是中国最大的广告媒体，本来是央视，规模巨大，无人能敌，具体收入多少广告费数字记不清了，有兴趣的可以查一下。我们再来看，淘宝网本质上是封闭的购物搜索引擎，主要收入来源于直通车竞价排名，也就是广告，后来有了其他广告形式，钻展等也是竞价模式。这个收费项目来自于对雅虎中国的并购，推出之后，到了 2012 年淘宝网就已经超越百度，成为中国最大的广告媒体了。

百度就这样错失了一次提升 1000 亿美元市值的机会，这也不能全怪百度，因为还没来得及看清楚，直接就被甩掉了，本来还是非常有机会和淘宝竞争的。百度也大力推进过电商之路，不过走错了路，弄了个有啊死磕，那是用自己的短处搞对手的长处，事后诸葛亮来说，没有可能会赢。

如果重来一次，百度应该如何做呢？我来马后炮当一下百度的狗头军师，当时的百度应该有三个路子。

第一是帮助各大中小企业迅速免费建立公司电子商务网站，并扶持他们；第二是拉拢行业内龙头大企业，扶持他们开展行业电商垂直化，可以提供技术、资本、管理等；第三就是搞基础建设、域名、网站建设、软件工具、支付、快递等。这些举措其实不是我想的，它们就是阿里巴巴集团近些年一直在做的事情，不得不说，这些东西使淘宝迅速完成壁垒形成难以超越的地位。百度如果这么做了，才可以把淘宝上封闭的内容做成开放，这样的路子才有可能赢。可能你会说，当时的中国购物环境没有基础条件，网络购物需要中心化平台，而不是各个 B2C 平台，要不然那些垂直 B2C 都做不下去了。马云说的“不要抱怨世界，你要看到抱怨在哪里机会就在哪里”这句话在这个时候就值钱了。如果购物环境不好，百度完全有能力去做引导，比如先行赔付、整体百度流量扶持、场景化导购、孵化、做支付担保，包括去承担极大的政策风险等。只是敢不敢、愿不愿的问题，真的下定决心去做，哪有办不到的事情呢？这就是马云有魄力的地方，还真的是万中无一，因为这个事情有极大的风险。

如果那样的话，可能大家现在要买东西也会去百度搜，而不是买东西就去淘宝搜，那么最后就是比拼体验了，谁输谁赢就未可知了。其实，熟悉欧美电商的人都知道，欧洲的中心化电商平台并没有中国这么集中，他们的企业官网都是有电商功能的，可以直接下单，广告都投放在 Google 上，后来分流了一部分到 Facebook。这和我们国家的特殊环境有一定的关系，但终究还是企业的战略眼光问题，如果百度走了这一步硬棋的话，PC 互联时代的电商肯定不会变成阿里电商份额占 80%以上，也不会有很多人说 B2C 电商悖论出来了。

幸好，时代在变，我们进入了移动互联网时代，我认为垂直 B2C 的机会又回来了。为何这样说呢？这里暂且不说，在渠道章节中再和大家分享。

再回到营销竞争对手主题上来，绕了这么大一圈，就是想让大家有这种竞争对手思维意识。可以说，竞争对手永远存在，我们在任何电商平台上做任何生意，选择这个渠道一定要知道其意义和过程，也要知道其本质，然后我们才能想办法在这个渠道上同竞争对手过招，慢慢把生意做起来。有个成语叫“庖丁解牛”，必须要先了解事物的内在结构，才能用好营销这把刀。

所以营销第一步是知道自己在什么样的地方玩，也就是渠道，理解其本质；第二步是知道同谁玩，哪些是对手，哪些是队友；第三步是如何玩，并能最终玩得赢。

开店类电商的核心

很明显，本质上淘宝就是一个封闭的购物搜索引擎，那么基于此大致可以分成两类商家：一个是纯网络品牌；一个是传统品牌商家。如何区分？很简单，还没开店，就有品牌词搜索量的就是传统品牌，没有的就是纯网络品牌。当然，大部分网络品牌是所谓的炮灰商家，就是那些身无长物，只会上传产品，没有形成业务体系的商家或个人卖家。我认为这些炮灰商家对平台的价值在逐年降低，所以他们已经慢慢扩散到微信等其他平台上去了，虽然最终确实有一小撮迅速崛起，但大部分又成了别的平台的炮灰。这就是命，如果要改，就得从头开始好好修炼！

先来说说网络品牌中的佼佼者，就是淘品牌，淘品牌是伴随着淘宝的红利起来的。所谓红利，就是做得早，时机好，平台推着你成长。那个时候淘宝花大量的资金购买流量，导流到淘宝网上，同时免费给商家用，所以是平台红利期。随着淘宝的流量的增长，商家的生意越来越好，客户越来越多，各个类目自然就会出现领头羊，或者说出现一些体量比较大的品牌，这就是淘品牌，是各个类目的 Top 商家。

淘品牌的迅速崛起，唤醒了第二类商家，也就是传统品牌商家，尤其是每一年的“双十一”对他们的刺激极大，从 2012 年开始，传统品牌纷纷入驻，于是很多类目开始沦陷了！为何？因为实力差距太大，确实竞争不过。很多淘品牌都不清楚自己为什么会有这么大体量，根本没有营销策略和战术，但也有少数淘品牌牢牢抓住了淘宝红利期这个时间差，迅速补上内功，以女装类目为代表，还存在着几个大品牌，他们现在就是真正的实力派，拥有了强大的号召力。而大部分淘品牌出现了各种问题，没有利用好这个时间差，逐渐被边缘化了。

如果你还不相信淘宝的竞争对手是百度的话，我再用传统品牌来举例说明。比如李宁品牌，他可能每年要给百度几千万，用来购买“李宁”以及李宁相关的关键词。有人说那你可以不给呀，不给你试试，百度就直接把这些关键词卖给你的竞争对手了，这就是保护费模式。而淘宝是给李宁一个类似的服务叫明星店铺，比如“李宁”这个词在淘宝搜索量有 10 万次，点一下 8 毛，那就是 8 万元一天，一年就是 2000 多万元（现在变成按千次展现收费了）。同时，还有直通车广告、钻展广告，可能李宁品牌也要花几千万元，当然这些他可以选择不买。最大的收费就是销量佣金，李宁一年在天猫的销售额是 10 亿元以上，光佣金就要给 5000 万元以上。当然还有很多其他费用，比如软件费、接口费、模板费、提现费、贷款、活动坑位费等。你比比看哪种模式先进，一个是每年割一块肉，而另一个是把你当奶牛

你可能会说这些传统品牌关自己什么事，这些道理明白了也没有用。听我慢慢说来，像李宁这种知名度的品牌，在淘宝上已经有了很大的获得流量的能力（大部分是李宁自己积累的）。大部分传统品牌店铺的搜索来源的关键词都是品牌及其类目关联词，他们抢夺的流量一部分来源于类目搜索，但大部分是平台活动流量，搜索对他们来说其实影响很小，所以活动成了他们的支柱。

很多传统企业往往认为自己的知名度很高，其实看一个品牌的知名度，就是看其在淘宝上的搜索指数高低，所以提醒那些在超级大店做运营的朋友，千万不能自恃过高，因为运营因素的影响是很小的。品牌知名度越高，就代表获取流量的能力越高，反之就越低。而大部分商家几乎是没有流量获取能力的。

所以说除了品牌词层面上的流量之外，营销就是争夺剩下的平台流量。

从更宽泛的角度来看，所有的商业模式核心就两个：一是获取流量；二是想办法变现。所谓的互联网思维、所谓的电商本质上都是这个逻辑。

我们和淘宝等平台之间的分工，就是淘宝负责流量获取和分配，并为我们提供基础服务，而我们实现变现、卖货和做好服务。

基于这种认知，容易得出以淘宝为代表的开店类电商的核心公式，那就是：

销售额=展现量×点击率×转化率×客单价

对这个公式大家可能有点陌生，换一个：

销售额=流量×转化率×客单价

这两个公式其实是两种不同的思维方式，比如淘宝搜索，究竟是给了展现量，还是给了流量；还有聚划算，百度也一样。它们其实都只是把你展现给用户看，只有用户点进来才是流量，没有点进来不叫流量，你还指望搜索展现给你做品牌广告，能够增加你的品牌知名度？

还有一点，就是只有通过上面的公式你才能把具体的电商运营工作细化、数据化，并能不断提升；否则就只能停留在空想的层面，落不了地，还容易把团队逼疯。

下面给大家举一个比较常见的例子。

电商公司一定会定月度目标，有的是和去年同期比，有的是和上一个月比。假设这个月目标是 100 万元，一般由运营总监扛这个销售指标。如果按照“销售额=流量×转化率×客单价”这个公式，怎么分解呢？假如上个月客单价是 100 元，转化率是 4%，那么完成销售额流量就要 25 万次，算下来每天 8000 多 UV，目前日均 UV 是 5000，还差 3000 的缺口，那就要投广告，每天增加直通车、钻展推广等，这一路分析下来都没有问题，最大的问题是落不了地。比如 3000 的缺口，你采取什么行动、用什么策略可以达到呢？不清楚。最后变成了推广的责任，并没有把大家的力量都调动到这个执行层面上来。

我们再按照“销售额=展现量×点击率×转化率×客单价”这个公式进行分解。首先是展现量，分三种，即搜索展现量、付费广告展现量和活动展现量（也就是上官方活动、聚划算、淘抢购等），然后是搜索点击、活动点击、广告点击等。具体的细化工作，比如要获得活动展现，一是要提升次数，也就是报名通过率要提高；二是活动效率，如单次活动要达到什么水平等。再比如转化率和客单价，客服要参与进来，要在话术提升、老顾客政策、套餐推荐、回复效率等上面做文章。这样分解完之后，你会发现目标可以落地到每个团队甚至每个团队成员，如果最后没有达成目标，就可以知道问题出在什么地方。

所以，不要小看这两个公式之间的差别，这其实是一种思维方式的差距。展现量提出来之后才是平台开店的逻辑，才是淘宝的运行逻辑；否则，你就会认为是平台在给你流量。前者是自己主动去获得展现，创造展现的机会，而后者是被动接受流量施舍。

总的来说，获取流量的能力，在以淘宝为代表的平台上分成两种：一种是想尽办法获得展现的；一种是想尽办法提高点击的。当然好产品和服务也会带来流量，比如通过帖子、软文、客户口碑推荐等，这些是自展现量。从获取展现到变成自展现量，两者之间至少差 10 个等级。

我们内部经常开玩笑说，在淘宝上获得展现主要有两个途径：一个是"忽悠"机器；一个是"忽悠"小二。怎么理解呢？"忽悠"机器就是让机器判定你的产品好，通过提升机器喜欢的数据来提高展现；而"忽悠"小二就是证明实力，配合默契，从而能上各种活动等。但话又说回来，单纯的"忽悠"越来越行不通了，尤其是数据化时代，阿里巴巴可以通过数据越来越清晰地还原商家的本来实力，从根本上解决了信息不对称的问题，所以商家在平台上基本就是"裸体的"。只能通过修炼，慢慢做，慢慢成长起来，这才是正道。

我认为上面的核心公式就是所有运营的核心公式，其他的运营数据都可以从这个公式推导出来。

明白了这个道理之后，我们再来看提高展现中的搜索展现。大部分商家都是在自然搜索上做文章。广告肯定不能是全部，否则，10 个首富也是给平台送钱而已。那么做爆款引流就成了所有商家的选择，这是提高搜索展现的最有效方法。

那如何做爆款呢？

经常有做电商的老板让我给他介绍几个牛气的运营，从他的话语中，我能知道他还是很天真地以为请一个牛气的运营，爆款就“咔咔”起来了，瞬间月销好几万，从此走上电商的巅峰。这就是典型的把人当神的思维模式，同时还没有明白电商越来越不能取巧了。要知道每一个爆款起来都是有原因的，而不是因为走了“狗屎运”出来的。同时，在做之前要想清楚目的、目标更难，反而做起来是比较容易的。

搜索爆款打造的基本步骤

很多商家还停留在比较天真的层面，以为给自己一个机会，只要站在搜索排名前列就一切都没有问题，于是砸钱做，最后亏得一塌糊涂。实际上，如果“四大虚、六大实”等内功没有做好，即便有爆款也是很危险的。我经常看到几个类目基本上前三名，3~6 个月换一次，其实就是这种思维的产物，为了爆款而做爆款，内功跟不上，即使给了最好的搜索位置也未必站得住，更何况花了很大的代价还是上不去。

核心还是要回归到营销的本质上来，看各种维度的数据是否能够支撑住。在一个无线流量超过 80%的时代，我们需要重新思考适合自己的玩法了。

究竟何为爆款？有人说是卖得多的款，有人说是好卖的款，有人说是搜索排名靠前的款。其实爆款是一个相对概念，既然是相对概念，就有一个比较的范围和对象。开店类电商里面的爆款，不同于小米“雷布斯”常说的爆品，那是另外一个层面的。我通常认为爆款就是能够给店铺持续带来流量的链接。注意，爆款不是指产品，而是指爆款链接。开店类电商的核心、运营的核心，就是运营链接。

产品—翻译—淘宝链接—搜索展现—用户看到—进入链接—转化购买—收到产品—评价服务

所以我们不是直接给消费者看产品，而是他们通过某种来源在平台上看链接。超多的店铺不把自家的链接当资产，对链接管理完全不重视，以为产品管理就是链接管理。我经常看到好端端的一个历史老店，链接居然能够被随意删改更换，而没有留下几个重量级的链接，最后全部都是新链接，搞得跟个新店一样，真的是痛心疾首啊。

我们常说一个爆款成就一个店，一个爆款毁掉一个店，其实是说爆款链接。我本来不太想讲爆款内容，在我的意识里面这些内容其实不是关键，爆款应该是一种自然表现，是一种综合实力的表现，但目前很奇怪的事情是很多实力强大的类目传统品牌商家好像都不会做，但中小卖家却做得风生水起，这就不是实力的体现了，难道淘宝的数据能力太差了吗？当然不可能。

给大家重申一下思维，营销也好，定位也好，竞争也好，博弈也好，老祖宗的兵法也好，所有这些只有一个原则，那就是“以强欺弱，以多胜少”的优势思维。还不理解的请参考前面产品章节中的详细分析，这里不再赘述。

我们再来说说你认为强的传统企业，他们在线下一年 20 亿销售额，员工 1000 多人，而一般的电商公司销售额 5000 万，员工 60 人，若比较维度是按线下来比、按总员工数来比，当然是传统企业强；但放在网上平台淘宝上比，放在电商上比，传统企业确实是弱得不行，线上销售额 100 万，全职电商员工 8 人。所以其在类目竞争中，尤其是在线上类目竞争中就是弱小，也没有强到哪里去。

我有理由相信，未来的爆款一定是一种线上综合实力的体现，而不是靠一点所谓的技巧，这和电商发展的道理是一致的。终有一天，本书其他内容未必会过时，但关于爆款的内容一定会过气，所以淘宝运营朋友们还是好好想想，究竟爆款是如何形成的？是什么样的内功体系和实力才产生爆款的结果？

但是我也不得不讲，因为开店类电商做爆款的确是营销的最好途径之一。

展开来说，一般有下面 8 个基本步骤或者说 8 个方面，这是一般的套路。

第一步，选品。搜集数据和确定款式方向，以目前的数据如行业数据、搜索关键词转化数据、客单数据、人群数据、竞品数据等为依据选品。还有一种是对自己的产品库里面挑选出来的款进行选择，有了这些基本款之后，进行测试，看这些产品的数据表现，从中选择目标款式作为爆款。可以说选品的好坏，直接就决定了这个爆款能否起来，影响因素至少占 80%。所以大家要清楚选款的重要性。有实力的商家可以另起炉灶，根据某种需求创造出一个新的品类，就是一种无敌状态，后面的步骤就都可以省略了。如果做不到，那就尽量做到不同，然后进行下一步。

第二步，搜索规划。针对第一步中选出的款进行搜索规划，什么卡无线搜索销量排名、卡豆腐块、卡综合第一页、卡销量第一页、卡天猫综合第一页等，以及每个产品不同的销售周期用什么策略等。当然，这需要前期工作，搜集本类目的竞争数据、行业数据、搜索数据等，给自己的产品确定可行的方向，包括用什么方式进行运作、哪里是薄弱环节、把握节奏感等。

第三步，完成基础销量。利用优势资源集中做基础销量，比如上淘抢购等。现在流行的免单是个好方法，尤其是对于**件单价**比较低的商家，但重点是做好策划，不能出现链接问题。这里建议杜绝刷单，早戒早轻松，理由不说了，大家自己决定。

第四步，在旺季之前卡住搜索位置。这是大爆款的思路，特别是季节性很强的商品，四季商品一般选择过年前开始，过年之后慢慢爆发。因为这样的位置也就是前几个，所以竞争是非常激烈的，但对于大部分商家来说，没必要这样做。中小爆款都要有“单坑产出”这个概念，这个逻辑是搜索给你增加权重、增加展现的核心之一。利用“单坑产出”高于竞争对手的前提进行搜索布局，尤其是 PC 和无线的综合搜索或天猫搜索。单坑产出=转化率×客单价，用来衡量一个链接的价值大小。

剩下的问题就是如何提升转化率（尤其是搜索转化率）了。如何选择客单价？什么定价才能最大化发挥边际效益？这就是一本账看你如何去算了。

第五步，控制整体的推广 ROI。前面四步主要是让有潜力的链接先跑出来，尤其是有了基础销量之后各种营销工具的利用，需要加料把这个链接的潜质激发出来，所以要控制整体的 ROI。这里的整体有两个意思：一个是 ROI 要以整个链接产出来计算；另一个是 ROI 要以整个爆款打造过程来衡量。所有花钱的事情，我们必须要锱铢必较，斤斤计较，因为花出去都是净利润，但该投入的也必须要投入，要算好总账，不能因为直通车亏钱就不投，也不能傻投。对于如何保证 ROI、如何获得好的效果，相应的直通车、钻展玩法的干货多如牛毛，大家自行修炼吧。最重要的就是找到合适的操作人，同时不要把钻展、直通专员当神仙。

第六步，链接维护。这个过程相对枯燥些，每天监控链接数据，监控搜索转化，监控和调整因素，监控竞争对手进行“搜索补单”，比较麻烦，也比较累。但是魔鬼在细节，能不能成功就看这些细节是否做到位。

第七步，进行数据比对和调整。到了这一步就是调整搜索、调整定价，全店活动配合，其他资源倾斜，拉开与竞争对手的差距。比如“双十一”，集中火力拉开差距。还有就是观察产品的潜质，进行相应的产品改进。有的产品月销到 100 笔就上不去了，有的是 1000 笔，有的是 10000 万笔，要分析来看不同产品的潜质，产品不同价格不同，所在的位置就不同，一个只能做到 100 笔的链接你非要搞到 1000 笔，非要卡在搜索第一页，它是站不住的。

有个电影叫《少年班》，讲述的是一群少年天才的故事，电影里面有个角色叫“吴妈”，虽然上了少年大学班，但是由于个人本身的潜质问题，根本没法和同班的天才少年比，但他可以起到很好的鲇鱼作用，老师就是让他起这个作用的。人是这样，产品也是这样，找好定位，然后不断地改变、修炼调整到最优的位置。从这个角度来看，大家除了积极争取，有时该认命的时候也要认命，这恰恰是一种积极的世界观，赶紧调整定位，产品也有它的命。

第八步，复盘。整个做爆款的过程，要全程记录下来数据、对手、对策、调整、经验、ROI、人群、手法等。做起来了要分析，没做起来更要分析，是哪里失误了，哪里没有理解到位。只有这样不断地提高，团队不断地梳理，然后下一个类目或者下一个季度搜索规划循环不断。

以上 8 个步骤就是笼统的运营层面爆款手法，还需要根据不同的类目、不同的商家情况、不同的竞争情况进行细化。我们给爆款的定义是能够带来流量的款式，而不是卖得好的款式。很多人搞反了，做爆款不是想让爆款越卖越多，而是想让店铺的流量越来越多，带动其他款式。

大爆款时代已经过去了，现在商家一定要树立起“爆款裙”的意识。为什么我用裙子的“裙”，而不是用群众的“群”呢？我觉得“爆款裙”的概念不是让你一味地追求多个爆款，而是让自己的各个产品能够像一条裙子一样，从上到下，引导到这个店铺，从而店铺在淘宝的大舞台上翩翩起舞。所以我更喜欢用“爆款裙”这个词，这也恰恰代表着未来几年的方向。

我们经历了 PC 电商的黄金时代，接下来是无线的黄金时代，这个时代虽然是从 PC 时代进化而来的，但还是有很多不同，我们要全面拥抱无线端的“爆款裙”运营。

无线平台电商的营销

在搜索上面获得展现是爆款思路，还有活动和广告方面，其实在广告方面越来越多的是靠内功、视觉图、产品。实力就是产品开发、供应链和资金，没有前两者，投入再多的钱也是白搭。而且一直有一个很重要的观点，就是在活动和广告方面的展现都要最大限度地帮助无线搜索展现。一切推广和运营的核心目标是，如何最大化地获得淘宝的免费精准流量。单靠广告，利用直通车、钻展以高 ROI 换销量的时代早已经不存在了。在目前的情况下，直通车是辅助工具，而不是盈利工具。直通车、钻展、淘客、聚划算、类目活动等，都要以有效提升免费流量为最终目标。

在营销前，关于自身行业数据的搜集和自己的定位如产品定位、人群定位等基础工作越来越重要。在辅助工具越来越简单化的今天，围绕核心“产品和极致服务”思考，我们可以做的事情将会越来越多，这恰恰是大部分商家迷茫的地方。淘宝、天猫这种大平台终将会从流量平台慢慢变成销售工具。也就是说，以后所谓的强弱之分，还是要回归到商业基本面的较量上来。

所有这些都是围绕着核心公式“销售额=展现量×点击率×转化率×客单价”展开的。

回归到商业的本质上来，我们来看线下门店。将店铺开在旺地，是为了什么？就是为了让这个店面有很多的展现，走过的人多了，也就是很多人会进店，走过的人和进店的人之比，就是点击率；然后有人买有人不买，就是转化率；还有就是客单价，每人花了多少钱。位置表现的其实就是展现，就是店门口的人流量。比如这个门店一年 50 万元房租，那么你付出的这 50 万元是什么？是不是就是你付出的店门口一年的人流广告费？

再看看我们前文留的问题，京东的竞争对手是谁？是阿里吗？其实不是，京东的竞争对手是国美、苏宁。还用上面的原理来分析。国美、苏宁的模式就是，电器品牌到我卖场里卖，卖掉了我留下佣金，再给他们钱，没卖掉，货退还给他们。他们的流量从哪里来？一是各电器品牌知名度，大家赶过来的流量；二是门口的流量，所以国美、苏宁的规模要做大，就要不停地开店，不停地招募大牌商家，这个游戏才可以玩。对于京东，也是东西入我仓库，在网络上卖出去了我要佣金，卖不掉退给他们。你看，京东的流量获取靠广告引流，靠用户推荐，但京东少了很多成本，比如门店管理，但是京东要仓储，所以要在全国建各大仓储中心。你可能会想这种商业模式有多少毛利、多少价值呢？仔细分析，这种商业模式背后的商业效率是非常高的，首先是货不用给钱，卖掉还能拿钱；其次是自己掌握了现金流和信息流，客户和钱都在平台上，所以说京东是一种商品金融模式，因为货是商家存进来的，卖掉了才收提点，有账期，还有很多这个费那个费等。就是这个原因，虽然京东一直在亏钱，当当在赚钱，但京东市值是 100 个当当，资本市场的账就是这么算的。营销，就是要先理顺这个思路，先要学会算好自己这本账。

还有一个问题，阿里电商部分，你觉得未来最大的竞争对手又是谁呢？不是百度，也不是腾讯，阿里电商部分的竞争对手现在非常明确了，是沃尔玛。为什么？沃尔玛的模式本质上是国美、苏宁模式的扩大版，而京东模式的扩大版就是天猫，所以目前线下商业零售的霸主是沃尔玛，而线上是阿里巴巴。

先留着移动互联网为何有垂直电商机会的引子。有个非常有趣的现象，任何一个大型超市的周围，一定存在多家夫妻型的小便利店，也活得很好，为何呢？

按理说，小便利店肯定竞争不过大超市。事实上，不是因为其东西便宜，而是用户在这里购买路径短，比如我只想买三样东西，烟、打火机、一瓶水，在超市里面要走很远，而且付钱要排队。一般来说，用户去超市里面都是大规模批量采购，一次买很多。但小便利店就不同了，买了就可以马上走，所以这就给了很多商家机会，才有了便利店模式，才有了夫妻店的生存空间。从理论上说，线上也一样，在淘宝这个虚拟沃尔玛的周围会有很多垂直化电商，其路径短，也就是精选，比如零食、单一风格的衣服，同时还能够做到比较大的体量。接下来就是两个维度的竞争，也就是流量获取效率和变现效率之间的竞争，在升华到全人类层面后就是解决两个终极命题：一个是信息冗余；一个是商品冗余。这两个领域其实是相通的，所以我非常看好移动互联网的垂直电商平台。

关于流量获取和流量变现，通过营销、渠道来获取流量，通过产品、设计和服务来使流量变现，系统和数据是为了什么，为获取流量效率和流量变现效率服务的，这样整个开店类电商模式基本就讲通了。

至于详细的电商推广，如参加“双十一”、上活动、做宝贝详情、策划活动等只能自己慢慢学习提高。有很多方法、很多理论、很多内功，本书的目的就是你通了思路之后，再学这些内容，再看网上的一些干货，再听培训时，就会明白哪些是忽悠，哪些是事实。内行人看门道，就好比读通了《孙子兵法》后，看其他战争就可以看出道道来；又好比看球，伪球迷和真球迷就是这么区分的。

开店类电商的营销方法其实非常多，用卢梭的话说，一个圆可以画多少条半径就有多少种方法。每个行业都有其自身的特点，通过营销的点慢慢去制定营销战略，去找主要的营销负责人，去做营销管理，每一次都能有所提高。

营销的具体玩法都是尝试出来的，每个类目都有其特性。只有虚化之后，再回归到具体的事情中来，一次次去提升，一次次有收获，这样的活动才能够做出更好的条件和未来。

营销的思想就是快速试错，小步快跑，不断地小规模尝试提高团队各方面的能力和条件，才能够适应不断变化的环境。我们鼓励犯错，但是别做傻事。我们鼓励大家去不断尝试新的资源、新的玩法、新的思路，这些叫试错成本，或者叫试错预算，只有这样我们才能不断地有新的营销思路。

所以从某种意义上说，营销就是要一个阶段结束，接着开始另一个新的阶段。

淘宝网从 2003 年成立以来到现在走过了这么多年，经历了无数的变化，在这个过程中间有很多值得大家回味的规律，作为电商商家除了要让销售额跑起来外，还应想清楚这个平台电商的游戏究竟要如何去玩。淘宝平台的运营过程就三点：一是做展现，尽可能多地展现，免费或付费；二是利用各种基础内功做好承接，做好转化；三是能做客户复购率和推荐购买的地方，一定要积极地投入和提升，做好自展现。

关于平台的活动

活动是获得展现、提高点击、提高转化的好办法。活动分成多种，大的框架可以分为站内活动和站外活动，其中站内活动又分为官方的主题活动和官方的频道活动。官方活动一般是定向招募的，也就是说，要符合活动的基本条件和满足条件。这个大家基本上都懂。

最容易被大家忽视的就是自己的店铺活动，在通常情况下店铺活动是要策划的，同时也需要整个店铺根据节奏配合。其实大部分商家缺少策划能力。

大型活动比如“双十一”、“双十二”、年中大促、天猫新风尚等，这些活动的力度是很大的，但展现其实也未必会增加。但是可以肯定的是，转化率会提高 2~10 倍。为什么会这样？因为会受到平台的氛围刺激、平台红包的刺激、活动利益的刺激，尤其是“双十一”，通常转化率在 20% 以上。

自己的店铺也一样需要策划活动，比如什么目的、什么主题、什么玩法、什么利益点、用什么产品、什么活动节奏等都需要思考和策划。对于这个逻辑上的活动，第一点是目的，要想好为什么做活动，千万不要为了做活动而做活动。

而关于活动促销的内容，大家可以参考胖胡斐的《玩法变了》一书，里面有详细的内容介绍如何做促销，以及如何正正经经玩促销。

有很多人问我可不可以介绍几个内部小二给他们，我知道他们的真正目的是为了上活动拿资源。请大家记住，小二只做“锦上添花”的事，而不会做“雪中送炭”的事。所以指望小二送资源，还是努力做好自己再说吧。

其实圈子或人脉分两种：一种是资源圈；一种是学习圈。以前看过一篇文章叫《五十元再好看，也不如一百元招人喜欢》，大家可以从网上搜来看看。大意是讲一个人的人脉，和综合实力相关。你还没有见小二这个实力，见了也没用。

可以这么说，圈子里面分享的营销案例，99%的营销方法在各个渠道、各个地方都已经尝试过了。也就是说，我们需要学会站在自己的行业上同其他行业、其他领域进行有效连接，学习其他营销方法，拓宽自己的思路。

分享的营销案例也可以转化为自己用，除了未来的新技术、新载体、新渠道，其他内容都可以尝试跨界营销、跨界打劫，这其实是另一种更有效的思路。

能够从这个维度思考，商业就是没有边界的。移动互联网时代的电商需要不务正业，目的就是为了务好正业，有更多的打算和思考。

所以，别站在自己的一亩三分地上发呆，学会去看看隔壁老王的养牛场，也许那里有你需要的养料。学会跨界，学会不务正业，这将是电商的新技能。

9

渠道，掠夺展现的战场

哪块云彩会下雨，就紧紧跟着哪块云彩走。

——电商人自创

铁饭碗的真正含义不是在一个地方吃一辈子饭，而是一辈子到哪儿都有饭吃。

——网络语

如果你理解了开店类电商营销的核心公式，那么你就能看透渠道。

微信上有篇很火的文章《宝洁的错误》，讲宝洁的终结，推荐大家搜来看看。宝洁在日化领域都是神一般的存在，这个巨无霸其实就是在传统传播渠道和零售渠道中成长起来的，所以当这两个渠道萎缩时，宝洁的噩梦也就开始了。但即便是这样，我认为宝洁有很多方面仍值得大家好好学习，因为在本质上商超模式和电商模式没有太多的差别。

我们要做的是争夺货架资源，也就是展现量。所有的营销路径都是为了获得更多的展现量，提升转化率。

所以说营销的战场就是在林林总总的渠道当中。平台类电商大致可以分成两种：

一种是直接 X2C 电商，X 代表运营主体，这个主体是谁我觉得无所谓，是 B、C 或者是 P、F，还是 D 都可以，最重要的就是直接面对消费者。典型的以淘宝、天猫为代表，还有京东 POP 等。

另一种是 X2B2C 电商，这是一种供货类电商渠道，基本是入仓模式，以唯品会、京东自营为代表，也有不用入仓的，比如贝贝网、蘑菇街美丽说等，只是商家变成了一件代发。这些平台是出于某种策略，可能某些品类还没有达到他们认为的重要度，所以不用自营，他们的核心类目完完全全是直采模式。

电商中所有的渠道指的就是各个平台。我们可以认为一个平台就是一个渠道，只是有些平台可以归类到一起，它们的本质是一样的。当然，大平台里面可能还有小平台，大渠道里面还有小渠道，比如淘宝、天猫里面有聚划算，还有天猫超市、天猫国际等，什么类型都有。

不同类型的电商渠道，运营方式和策略当然应该是不一样的。

电商渠道冲突

渠道，是从现实中抽象出来的，也可以说是从农业中来的。一般农田里面的水渠、沟渠，是为了引水或者放水的通道，就叫渠道。引入到商业领域也一样，就是一个无形的管道，能够引来信息流、货流、资金流、人流等，这样的东西都可以叫作渠道，所以就会有公关渠道、销售渠道、营销渠道、招聘渠道等。可以这么说，渠道就是战场，有各种竞争的态势，我们的实力需要转化成渠道上的表现力，才能在这个平台的商业上突围，越来越好。

渠道也来源于经典的营销理论 4P，这是市场营销理论中一个非常重要的概念。所谓 4P 就是产品（Product）、价格（Price）、渠道（Place）、促销（Promotion），英文的第一个字母都是 P，合起来叫 4P。其中渠道（Place）我更愿意解释为战场。

4P 是从企业、商家的角度来的，后来又逐渐兴起了以消费者为视角的 4C，一一对应上面的 4P，也就是消费者（Consumer）、成本（Cost）、便利（Convenience）和沟通（Communication）。

所以结合经典的理论，渠道承载了商家各个维度进行竞争的场所，无论是有形的还是无形的，同时渠道对消费者来说就是更便利的选择，这个便利可能是省钱，可能是省时间，也可能是省机会成本。

从概念上说，互联网的出现让渠道的范围更加广泛，同时也发生了很大的变化。比如传统的销售渠道，卖场就是货场，人流就是货流，可是电子商务来了，卖场和货场分开了，卖场只是链接，只是页面，而货场是后端仓库，是在快递公司，人流在电脑或手机前，货流在后端。因此在电商时代，上面的 4P 和 4C 的功能就要发生改变，或者要升级思考。

作为 4P 中的渠道的概念，也就要更新理解了。从这个角度去思考，电商渠道也就意味着创新和创造，甚至是彻底的变革。我们常常说传统企业或线下企业做电商会面临渠道冲突的问题，渠道其实是不会冲突的，真正的冲突发生在渠道所代表的利益同电商利益之间，比如货品的价格、货品的分配、内部资源的分配等。这些冲突的总称叫作渠道冲突。其实从发展角度来看，传统企业如果只有一个品牌的话，如果要扩张、扩展通路，当铺设新通路的时候也一定会有冲突，也必然会产生线上冲突。那么，如何解决这种冲突呢？

一般有两种选择：一种是重新建一个子品牌，同线下品牌区分，更年轻、更符合网络；另一种是品牌还是原来的，只是区分货品、区分型号，也就是产品作渠道特供。

我们来分析一下各自的利弊。先说第一种选择，建子品牌当然可以，不过这种方式只解决了外部的冲突，内部资源的分配还是没有搞定，比如有的公司给了新品牌很多扶持，给予相当大的自主权，就当作是一个纯互联网品牌，而有的公司不是这样的，还是附庸品牌。这其实是一种内部资源分配的博弈。所以自建品牌应该是配合相应的资源倾斜的，否则就是空中楼阁。

第二种选择，走渠道特供产品策略，这种方式我称为掩耳盗铃策略。本来都是一样的产品，品牌商假装区分一下，换一下款号、型号，然后卖不同的价格，在不同的地方进行销售，这明显就是当消费者是傻子，不是自欺欺人吗？更何况，这种风险从线上转移到了线下，转移给了代理商，一样的东西消费者会怎么选？

那么，怎么解决渠道冲突呢？

我的理解是，作为品牌方来说，拓展渠道就要有渠道战略和思维。悲观点说，渠道冲突的问题根本解决不了，这种博弈就好比一家养 5 个儿子，大儿子大了，就要做出牺牲给未来的小儿子。不能搞平均主义，最重要的是看谁代表着未来，代表着希望。我甚至认为，以后线上可能比线下都卖得贵，因为方便，因为有更多的好处。

答案其实很清楚了，既然解决不了，那就不用解决。因为这就是一种 PK，一种视野，一种迭代的状态。我们从工厂 OEM 业务，到代理商业务，到经销业务，到直营业务，难道那个时候就没有冲突？我们现在看到的是渠道冲突，冲突意味着矛盾，矛盾意味着在酝酿新的机会，意味着在发生新的变化，我们要顺着这个变化进行调整。

举个例子，一瓶水，可以制定最低的出厂价要求，比如 1 块钱，那么在酒店里卖 5 块，在风景区卖 10 块，在火车上卖 20 块，这些不同的价格体现，你需要去理会吗？只要价格合理，按照渠道的出货量和客户特性就会有不同的价格体现。其他产品也一样，对于所有的渠道，只要保证渠道有合理利益，就会产生有利益的玩法，没有利益，就不会有合作渠道。至于具体的利益是什么形式，这就需要我们长时间去摸索，这本身就是一种商业创新和商业实践，慢慢才能趟出一条道来。

所以好好想想进行更精细的调整，而不是把压力和风险转移给代理商、批发商，转移给零售终端，这样带来的冲突会使自己寸步难移。电商的渠道冲突，不像我们理解的那么简单，也没有那么复杂，它就是一个过程、一种变革。

既然是渠道就有一个建设过程，或者说有一个对接过程，除了自有平台需要我们自己去建设外，大部分情况只需要做好对接就行。这是两个不同的方向。自建渠道，需要能力，不光是变现能力，还有流量获取能力和基础设施整合能力。相对来讲，开店类电商只需要重点放在变现能力上面，逐步提升，就可以形成自己的核心竞争力。

从广义上说，直通车、聚划算、淘抢购等都是渠道，有的是广告渠道，有的是活动渠道，有的是销售渠道，它们考量的都是你的变现能力。流量这个问题，已经不是商家需要思考的了，商家主要思考广告变现能力、活动变现能力等。所以对于渠道的认知，我们要拓宽一下思路。

因此所有电商渠道的重点，都在于考量商家的变现能力，对于商家来说，一方面是选择，如何无缝对接渠道；另一方面是如何提高各种内功，以便具有相应的变现能力，形成自己独特的价值，提供给渠道。

直白地讲，你对渠道有什么作用，渠道就会选择什么资源分配给你。这是电商渠道对接的基本原则。

电商渠道的选择和对接

所谓的电商渠道建设，对于大部分商家来说，本质上只是做渠道选择，因为有大量的公司在建设渠道品牌或者电商渠道平台。不仅其投入大、竞争激烈，而且还有很多商家不知道的暗坑存在，所以大部分商家明智的选择就是只做流量变现部分，至于电商渠道战争，让别人去打好了。这也要看你的终点是什么，也就是你想要做成什么事情。

因此，对于开店类电商来说，电商渠道的选择就是渠道建设的前提，尤其是资源、精力等都有限的时候。我们看到，有些商家会选择主攻唯品会，这其实也是一个很好的策略，就赚钱而言，这是目前商业效率最高，或者说变现效果最好的。我有几个商家朋友，6 个人的团队，控制着 5 个不同的品牌，轮流上唯品会，一年做到 2 亿元，毛利 10 个点，就是 2000 万元。当然，这是他们针对唯品会这个渠道练出来的能力，让他们做天猫就非常惨淡了。反过来说，这其实是放弃了自己的流量获取能力、流量比拼能力。我们前面在营销章节中讲了流量获取能力和流量变现能力，本质上我们和电商渠道之间就是这么分工的，他们做流量和流量分配，我们做变现。通俗地讲，就是他们“卖好的货”，我们“好好卖货”。

目前主流渠道有很多，但无论在什么渠道，你要面对的都是与竞争对手、同行商家最大化地抢夺平台流量，这背后就是一种实力的 PK。你要提高的是自己的竞争力，也就是如何能够比别人卖得好，体现的是变现能力的高低。你想想作为平台会怎么选择商家呢？是不是商家的变现能力越高越好，至于是不是一定要名牌，那倒未必。

电商渠道的选择是一种策略，目的也是为了让自己有足够的精力，做最有价值的事情，所以表面上看是一种减法，其实是一种加法，是一种以退为进的优势思维。

而渠道选择的关键就在于渠道的对接，这并不是说你找到了平台接口人，就叫对接。对接是两种体系之间的打通，是一种内部对外部的梳理和适应，是一种本身条件的转化。你可以这么理解，你承包了唯品会的某个类目每个月的几个坑位，能够跟着平台节奏玩了，又能赚到钱，这就表示你和唯品会成功对接上了。在这个标准下，你才能清晰地思考出来，在这个对接过程中需要做什么，而不是只会讨好某个对接人。

说到底，还是变现能力的竞争，这就是核心竞争力。在淘宝上，如果你的同行现在的流量是10000，你的流量是1000，但你的变现能力比他强，过不了多久，你的流量就会是10000，他的流量就会变成1000，这个就是平台机制和数据化的东西，所有这些就是我们要不断修炼的内容。电商“前四大实”产品、设计、服务和营销都是用在渠道上的，都是渠道竞争后盾，所以渠道商的表现一定是一种实力的体现，而且越来越是这样。

在渠道上面的正面竞争才是最有意思的，也最能体现商家与商家之间的差别。渠道就是战场，你要明白自己的这个渠道能够做 1000 万元，那就一定要保持每年的增长，但要知道这 1000 万元是怎么来的，哪些是渠道的功劳，哪些是自己的实力。千万不要盲目制定像今年 2000 万元、明年 4000 万元、后年 8000 万元这种“拍脑袋”、不切实际的目标，这种目标往往只停留在幻想层面，对于大部分商家来说，只是一种妄念，是商业鸡汤中毒过深，除非你是万中无一的奇葩。

大家还是回到地球上来吧，别漂着。我们好好地练练内功，今年 1000 万元，明年想办法增加 50%变成 1500 万元，利润也保持一定的增长，想想这 50%可以通过什么样的努力、什么样的布局做到。跑太快一定会牺牲其他东西，还不如好好跑出自己的节奏来，我们需要的是良性循环，进行良性的渠道建设和规划。

对于新入电商的商家来说，切忌一上来就所有渠道全部铺开，天猫、京东都上，最后往往导致没有一个渠道做得好。有些渠道，在你还没有想清楚，或者还没有成熟的团队去做的时候，不要入驻，入驻了成绩不好，反而掉价，而且当你的精力等各方面都跟不上的时候，这种渠道扩张是最没有价值的，只是一种看起来很美好的愿望而已。

渠道建设终究还是一种实力的变相体现，所以不要指望一个新牌子能够全网铺开，同时又可以卖得很好。很多渠道看起来门槛很低，其实有很大的隐形门槛，比如资金投入、服务水平、供应链能力等，这些都是看不到的门槛。

还有个问题，因为渠道与渠道之间往往会有战争，会出现二选一的情况，比如“双十一”时京东和天猫，最后商家没办法一定会选择量更大的平台。不过我的建议是要想清楚，能不参加这类渠道战争还是不参加的好，这对商家没有任何帮助。我认为这种渠道之间的排他性竞争也只是针对那些还没有足够强的实力的商家，只要变现能力特别强，就不用怕这种平台的选择会出现问题；相反，那些依靠平台的流量生存的电商只会越来越难过。

有形的和无形的电商渠道

渠道还可以分成有形的和无形的。有形的渠道指的是大部分以销售为属性的电商渠道，而无形的渠道就是指单纯的信息流渠道。大多数商家碰到的都是销售渠道和营销渠道，而资金渠道或者招聘渠道等都是无形的渠道。有形就是销售额看得到，白花花的银子进来看得见，无形就是看不见这些银子，有些还要花出去。很显然，大多数商家最重视有形的渠道。我们先来看有形的渠道。

主流电商销售渠道有两种模式，即 X2C 模式和 X2B2C 模式。

X2C 模式，比如天猫、京东 POP、1 号店、当当、国美、苏宁等；而 X2B2C 模式，比如京东自营、天猫超市、唯品会、贝贝网等。这两种渠道模式的区别在于，前者的流量没有保障，后者至少还能有基本的流量保障。两种选择各有利弊。

其实大部分是第一种模式，我通常叫开店类电商，流量基本没有保障，需要自行解决，就好比在街边租店铺做生意，你可以自由选择地点，选择将租金交给谁，自由选择人流量大小、店铺大小等。而第二种模式就是卖场类，也就是到沃尔玛、银泰、万达、苏宁、国美等里面做，流量基本可以有保障，只要平台有流量，你就会有，但毛利空间一般会被平台压得非常低。

那有没有第三种模式呢？有，就是所谓的微商，可以称为无形的渠道，有些是自媒体模式，有些是朋友圈模式，有些是直销模式，有些是店铺模式，有些是社群模式，其流量和变现是一体化的，就是建立在微信的信息流基础上，未来会怎么样，我也不是很清楚，但其流量获取和变现的能力会越来越强，也会有一批新物种出现。这里就不展开聊这种模式了。所以对渠道的选择，从理论上说，是对信息流、资金流、人流、物流这几大维度的选择，最后我们的决策就是建立在这几个维度上进行综合思考的。

在有形的渠道中，体现的是核心竞争优势，是一种硬实力的展现，如通常意义上的资金、供应链等；而无形的渠道体现的是一种软实力，比如文案编写能力、视频编辑能力，甚至是思路的先进性等。

独立移动电商 APP

目前移动电商时代又出现了很多垂直电商平台，我个人是非常看好这类平台的，现在又有各种跨境电商，中国的商品可以卖到国外去，国外的商品可以卖到中国来，这些模式本质上都差不多。

随着移动互联网的蓬勃发展，很多商家又开始蠢蠢欲动要自建渠道了，自己搞移动端 APP。曾经 PC 时代的 B2C 战争，我认为基本上以腾讯入股京东的事件宣布格局已定，PC 电商时代正式进入阿里和京东、美苏争霸格局。而移动电商风起云涌，全新的格局还在酝酿当中。大大小小的电商 APP，琳琅满目，基本涵盖了各个垂直类目。比如三只松鼠融资 3 亿元，很多人说终于看到一个淘品牌估值起来了，其实他们拿钱不光是为了干我们理解的传统电商，而是为了松鼠海购，为了他们自己的食品垂直平台，在食品这种高复购领域中，想象空间还是非常大的。

电商我们主要看阿里的风向标，不是看阿里集团，原来的阿里集团主要业务是电商服务，也就是开店类基础设施，而垂直化电商 APP 的基础设施要看阿里云计算。

云计算的目的或目标就是要降低大家自建渠道的难度，有人说为何要自己建，现在有这么多免费的渠道可以利用。套用马云的话说，免费其实代价是非常大的。这中间的代价就是有可能牺牲自己的未来想象空间，所以但凡有一点点想法、想试试的，都开始尝试建自己的平台了。

移动端不同于 PC 端，不是简单的迁移，它有很多独特性，更加个性化，更加具有全面性。而且，目前移动端的电商用户呈现多元化，也就意味着需求多元化。

移动互联网时代就是一个解决信息冗余和商品冗余的时代。

我们目前面临两类问题：一类是消费者的选择成本或机会成本很大，因为各种信息纷繁复杂，当信息太多的时候，其实就是没有信息，这也就是人的时间、精力有限带来的必然结果；另一类就是商家端大量的产能过剩，尤其是大量同质化的产能过剩，所以卖价越来越低，商家无利可图。同时各种类似的商品太多，比如杯子，各卖家都有，其实就产品而言差别真的不大，这就导致大家倾向于打价格战。

这两类问题的核心还是消费需求的问题，消费升级需求只会越来越多。比如生孩子、养孩子，以前爸妈好像是本能，基本“80后”独生子女就是放养起来的，到了现在我们成了父母，一个孩子要两个人带，还要有各种吃喝用度，产生各种奇怪的需求，大家可以想象一下，光母婴这个需求就被放大了多少倍。

所以我很看好很多垂直APP，其能够创出一个比较好的需求概念，同时又非常了解目标用户，对其产生了重度的黏性，再配合完善的移动互联工具，可以做得非常好。当然不是每一个商家都要选择自建渠道，也不是每一个自建的渠道都一定会成功，但至少这一波浪潮到来了，你要做好准备。

也许几年以后，条件成熟了，我们都会选择自己建渠道，在PC时代这种情况根本就不存在，但现在基础设施真的越来越完善了。所以阶段性地去选择渠道是很有必要的，只有当你到了那个量级上，同时也想清楚了这个商业逻辑，想清楚了自己要变成什么样，你才能够做这件事情。

做 APP 不能局限在自己原来的产品体系中，比如原来是做被子的，现在还做被子；原来是做外套的，现在还做外套。这和淘宝上的细分店铺的策略是完全不一样的，可能原来是做被子的，现在就要做被子延伸的所有领域，比如睡眠类目，再大一点如健康类目等。

我们在营销章节中讲过，PC 时代其实是把人从单一个体归类变成流量，变成数据。但到了移动互联网时代，就要对数据进行反向推导，变成个性鲜明、个体的人，以便我们更了解他们。

理论上，淘宝网本质上做的是需求聚合的事情，比如全国有 20 万个买被子需求，他们搜索被子，然后系统匹配满足这 20 万个需求，但这个满足度永远不可能达到 100%，即使目前千人千面、个性化搜索，最多也只能达到 60%，这就是把人当成流量，进行分配对接。而垂直移动 APP，尤其是商家 APP，是针对人，他们所要做的是知道有 1000 人的被子需求，能满足这 1000 人，可能还包括其孩子、父母、爱人等，所以这个需求满足度是 120%甚至更多。当然，这条路我们还有很长一段距离才能够到达，但一定是这个方向。目前各个移动 APP 都在这个挑战上下功夫。

要了解清楚每个渠道的人群特点、主营实力、渠道上的所有竞争对手的情况、数据情况等，形成自己的品类在这个渠道上的独特认知，才能越做越好。所以你需要打破各种隔离带，比如产品隔离，将淘宝上的货卖到京东，又卖到唯品会，怎么可能一样卖得好呢？很多商家还妄想一盘货打全网，这是一种固态思维，不够灵活。所有的产品都需要进行区隔重新定位和梳理，那些在主流渠道上与渠道人群相符，又同自己的目标客群产生交集部分的产品才是你要选择的。简单来说，就是自己有什么产品适合在这个渠道上卖，就要用这些产品上这个渠道，而不是想当然的所有渠道一盘货。

从理论上说，所有的渠道都是江湖，所以营销的战场就是渠道，蓝精灵注定要不停地和格格巫对抗，争夺的是生存资源。

电商渠道沟通

现在我们讲渠道沟通。说得比较多的是有形的渠道，我认为重要的是无形的渠道，无形的渠道本质上是一种沟通渠道，是商家和平台、商家和消费者、用户或者客户之间的沟通渠道。

如果与消费者的沟通，仅仅停留在旺旺聊天、售前售后这就维度太低了，这样的沟通其实就是没有沟通，或者说联系得不够紧密。

常规的沟通发生在和购买客户之间，其实更多的是与目标人群的沟通。沟通渠道有电话、QQ、微信、微博、旺旺、短信、新闻报道、软文、公关稿、客户推荐等。有些难度非常大，有些是简单的沟通工作，有些是为了营销，有些是为了服务。

与消费者的沟通、主动沟通、全面的长途的沟通、渠道覆盖，很少有商家真正能落地。建个官方微博，注册一个微信公众号，这就叫沟通？这和在百度时代做个官网页面，就认为自己接上互联网了一样的道理，和掩耳盗铃没什么差别。

这些公众号只是沟通工具，真正的关键在于你为什么要做，以及怎么理解这件事情。比如建公众账号是为了什么样的目的和目标，通过各种形式的表达，你要向用户、客户、消费者展示什么样的自己，以及什么情况叫好，什么情况叫不好，如何衡量投入产出等，就是思路问题。所以高手不是在于做得早，而是在思路上领先。

很多渠道往往都是搅在一起的，既是销售渠道，又是沟通渠道，也就是内容渠道。我们讲过，渠道的竞争本质上还要回归到“四大虚、六大实”上来。

如何形成渠道文化，如何产生淘宝文化，如何产生京东的自营文化，如何调整学习提升，在淘宝上用什么战略，在京东上用什么战略，用什么人做什么平台，不同的平台如何激励，如何进行团队结构搭建等，渠道上的问题，都可以从源头找到问题的答案。

所以说你的渠道在何处落地生根，最重要的是看种下去的种子对不对、时机对不对。渠道，只是你的一个成长环境，但从一开始就充满了竞争，能不能活下来，靠的不光是运气。

我带电商团队的时候也犯过这种错误，对所有的渠道都来用同一套管理方法和管理制度。比如有 10 个店，无论新店、老店，无论什么渠道，都用同样的沟通方法，这就会导致不均衡，大的店铺越来越大，而小的店铺越来越小，新店铺也很难成长起来。原因其实在于我们没有从渠道的角度给每一个店铺定位好，也没有从整个公司的角度对每一个店铺发力突破。

这一点极为重要，渠道要么不上，店铺要么不开，否则就一定要想好投入的成本，以及一个阶段要达到的目标，想清楚了为什么要上这个渠道很重要。千万不能招个店长，让他一个人管着可有无的店，这样三五个店每个都半死不活，容易搞得人没有斗志，最后把自己都逼疯了。

团队的状态也会被这些店铺分散掉，为何？你想美工做哪个店多一些，客服安排在什么地方，更支持哪个产品，所有的资源倾斜就会导致马太效应，做不起来的店永远做不起来。所以对于新店，第一年你就准备好要投入多少成本，好比是线下门店，开一家店打底 60 万元，一年能做到 200 万元销售已经非常不错了，电商第一年准备投入 100 万元打底，然后第二年赚回来，第三年持续盈利，这才是正解。

新店开张，必须要舍得投入，否则还不如不开。要有节奏，要有一整套配合体系、一整套计划把这个店做到某种程度。而不是指望招聘一个店长，就能把店搞起来，这和买彩票、摇奖心理又有什么区别呢？

那种一上来开个新店就想马上赚钱的时代，已经一去不复返了。

尤其是现在主流的“80 后”“90 后”的团队，没做出成绩，你让他们待也待不住。所以首先要努力提高他们的见识，比如让他们见识“双十一”一天做 1000 万元，见识一天发 10 万单，这些都非常重要；其次，要灵活地安排好事情，这个事情要用业务驱动，让订单先飞起来，让销售额转起来，同时心里有一本投入产出的总账。

我们常常犯的一个错误就是过高地估计自己在一年内可以干成的事情，却又往往过低地估计自己三年或五年能够达成的目标。要记住，任何新局面、新渠道的打开都需要时间，也需要付出一定的成本。

所以渠道喜欢的就是那些长久的、有耐性的、又能付出的商家。他们做的事情绝大部分都是锦上添花，几乎不会做雪中送炭的事情。所以不要寄希望于认识多少小二，要寄希望于自己有多受用户喜欢，能为平台做什么。

这就是最好的渠道沟通策略。

数据是电商的语言，系统是为了减少不确定性

未来的公司组织实际上将会是无层级、无边界的，是一个由更多的电子技术、更少的人员进行管理的信息网络系统。各种信息将变得更加透明，再也不会有某位领导能一手遮天，使偏于一隅的办公室拥有巨大权力。管理者用于商业决策所需的大部分信息将出现在一个“数码管理驾驶舱”的电脑显示屏上，这个驾驶舱包含了每一段实时的数据，并且公司的业务发生滑坡时自动示警。尽管可以前所未有地获得信息，但使公司高效运作的主导力量仍然是人的正确判断和英明决策。

——摘自《杰克·韦尔奇自传》

数据将变成一种生产资料

上面那段话里面提到的“管理驾驶舱”，现在阿里巴巴已经帮我们实现了，它就是生意参谋里的一个功能，虽然才刚刚开始，但已经是所有电商平台前端数据里面最强大的。很多商家都没有花时间好好利用这个商业工具。

在我看来，数据是一种语言，它能把现实中的事情或事物描述出来，供大家讨论和商量。严格来说，数据来自于系统，来自于目标物，有时候数据也可以是一把尺子，用来比较，用来让大家认识这个世界。

这里说的数据，不光是指电商数据，如PV、UV、转化率、点击率、客单价等，更多的是指电商的经营数据、管理数据、运营数据等。当然，也不要同现在流行的所谓的大数据搞混，对于大部分电商企业来说，大数据还比较远，但要有数据意识，才更重要。

有关数据的内容，前文或多或少有些提及，对于数据的重要性，这里不再重复了。我想说的就是，究竟如何面对数据和系统。

一般来说，数据是客观存在的，表示的是过去或当下一段时间内的现状。我们用数据来描述目标和现状之间的差距，这个差距就要通过行动、通过方法、通过措施去改变，这些内容有的会变好，有的也会变差。在调整的时候我们要盯着自己的目的和目标来确定。

下面举几个实例说明一下。

给大家看一下后端的服务数据表的一部分：

售后问题及细则编码表

问题名称	编码名称	问题分类	编码名称	2月售后总单数	2月售后总金额	天猫总单数	问题占比	归类占比
客户问题	kh	不想要	Kh1	1854	171821	13570	13.66%	13.85%
		拍错重拍	Kh2	3	179	13570	0.02%	
		其他	Kh3	23	887	13570	0.17%	
快递问题	kd	快递不到退回	Kd1	46	2902	13570	0.34%	1.87%
		物流破损	Kd2	196	12730	13570	1.44%	
		快递丢件	Kd3	9	435	13570	0.07%	
		快递服务态度	Kd4	3	224	13570	0.02%	

这是客服部统计的某年2月份售后问题汇总表格的一部分数据。我们看带浅灰底的这一行，就是快递破损导致的售后问题，占总订单的1.44%。如果手里有上个月的数据，就可以对比一下，如果没有改过什么地方数据应该不会相差很大。

那么问题来了，如果你是物流主管，老板让你将这个数据降到0.5%，要两个月时间做到，你会怎么做呢？

其实也简单，内部是加固、加充气袋、改进包装设计等；外部是更换快递合作伙伴等，然后算一下成本、精力、效率等是否划算，如果划算，你申请，老板一定批准；如果不划算，那就要看老板权衡了，是否能够牺牲一部分利润来满足更高的客户体验，或者能够卖出更多的溢价。

这个例子只是所有售后问题中的一部分，还有很多其他维度，比如质量问题、运营问题、客服问题等，质量问题又可以细化到各个零部件。所以说完整的数据统计和反馈是多么重要啊！这种数据统计和反馈的整个过程，就叫系统。是不是很晕？没关系，概念类的东西，最重要的不是理解，而是运用。你看那些大老板，他们之所以能当大老板，不是知识多，而是会用，又用得好。这个不矛盾，就像很多朋友直通车玩得很好，但是就是很难赚到钱一样。这些都是一个体系里面的。

留个问题，如果要将上表中“不想要”的比例降低到10%以内，用什么方法？如何执行？大家可以思考一下。

后端的服务数据采集系统都需要自己根据行业特点、运营特点慢慢建立起来。为什么说慢慢呢？因为数据量小没有多少比较和改进的意义，比如每个月只有 100 单，销售额 1 万元，要这些数据几乎没有用，最主要的数据就是流量和销量；而一个成熟的店铺 50 多人，一个月十几万单货，月销售额几百万元甚至上千万元，没有这些数据系统就没法长久，也没法进行有效的管理和提升。

再说一个我们经常能够碰到的前端数据的例子。前端的运营数据一般由平台提供，但这些数据都需要收集处理和加工。

淘宝搜索

	搜索曝光				引流效果				转化效果			
关键词	搜索排名	曝光量	点击量	点击率	浏览量	访客数	人均浏览量	跳出率	支付买家数	支付件数	支付金额	支付转化率
台灯	16	2,291	51	2.23%	44	33	1.33	93.75%	3	3	179.7	9.09%
台灯护眼学习	14	344	7	2.03%	8	6	1.33	100%	1	1	49.9	16.67%

对于前端的运营数据，淘宝系平台进行了非常完善的采集，每一项都非常关键。就拿点击率来说，现在的点击率是 2.23%，如果比行业高就维

持住，如果比行业低就要不断地优化和提升，而且排名的位置、主图的设计、卖点的归纳、关键词的精准度、标题的完善、价格区间的设置等都是影响因素，都需要记录下来，什么时间调整了什么内容，以及发生了什么变化，然后反馈，看数据是变好了还是变差了，如此循环递进。这就是运营工作，尤其是爆款负责人的核心工作，主要是爆款可以做到细化。

对于运营来说，勤奋比什么都重要，运用比理解重要，所以我们经常说 100%的干货，不如 50%的有效执行有意义。

上面所举的后端数据和前端数据的例子，不知道大家有没有理解，对这两块内容的修炼可以做很多事情。

总结一下数据的意义：可以描述客观现状，了解行为影响，区分主要原因和无关原因，从而能够帮助大家改进决策，促进正向循环。

数据带来的好处才刚刚开始

为什么要如此强调用数据说话呢？毛主席说过，没有调查就没有发言权，其实是说没有数据支撑就没有发言权。

中国是个人情社会，我们往往碍于面子，怕得罪人，不喜欢直接说别人的工作或者直接指出对方的核心问题，同时我们的自信心又极其脆弱，都认为自己的工作出色、优秀，所以说中国是比较难管理的。而数据让我们能够好好说话，能够真正做到对事不对人，能够让我们清晰地在同一个范畴进行学习和了解，统一面向一个既定的有效目标做事情。

还是以上面提到的物流破损问题为例，如果没有数据，开会讨论场景会是这样的：

客服——最近很多客户投诉物流破损，我们的仓储物流能不能包得更扎实一点，售后问题一大堆，太影响体验了。

运营——在评价中有很多是关于包装破损问题的，影响宝贝转化率，我们要改进包装，换新包装。

接下来是物流部发言，不用想，一定是怪采购的包装质量不好，可能还会说人手不够等。

如果你是老板或者运营总监，你该怎么办？你可能会说，大家落实一下，由仓库负责改进包装。这种无力的结论和行动，往往就不了了之了，于是这个问题会一直存在，根本不可能得到解决，也没人知道是好还是坏。换句话说，什么叫好，什么叫不好，完全没有标准，于是就只取决于老板是否关注或关心了。

我们换一种方式，还是同样的场景，数据部门说话。

数据部门：我们 2 月份物流破损的售后问题占比为 1.44%，比 1 月份上升了 50%，有 196 单，涉及销售金额 12730 元，请物流部负责人谈一下自己的看法和改进措施。这个时候你猜物流部负责人会怎么说，他一定会说具体的事情和落地细节，就是上面的方案，然后其他部门要帮助他把这个指标降低到 1%以下。这就变成物流部门主导，其他部门配合的一次有效行动，甚至会和同行的数据进行比对，看看别人的包装是如何做的。如此，这个包裹破损的问题就一定会朝着占比越来越低的方向前进，一定是一个不断优化的过程。

当然，这是理想状况。用数据说话的方式，需要在团队中倡导，这样我们的观念才会不断改变和进化。在一个团队中，一项业务没有问题才是最大的问题。一定会有各种各样的问题，有问题不可怕，可怕的是不处理问题，人浮于事，这就成了死结。想清楚用什么数据来表达问题，然后找到那个所谓好的标准线，这就是目标。

所以越是针对某个数据的提升，越能聚合大家的力量，统一大家的力量，这样不但可以减少部门之间的摩擦，还能促进相互之间的协作，公开、透明，大家都能看到。

其实数据就是一种衡量机制，是一把理解业务的尺子。世界上本来没有长度，是尺子让我们知道什么物体有多长，最后我们要达到的目的不是为了量哪个物体，而是要用那种长度的物体。

所以说数据是一种强大的提升业务水平的方法。比如用电商数据可以更加客观地评价员工，也制定出更好的激励体制，让大家把眼光落实到效果上，而不是讲苦劳上。功劳越大，奖励越多，这个功劳就要用数据说话，在团队中就会形成公平、公正的氛围。

因此，数据意识是电商人最重要的意识，没有之一。

如何搭建电商公司经营分析体系

那么，如何构建起电商公司的经营分析体系呢？下面分步骤来讲。

第一步，从公司的类目和业务出发，将由电商战略目标延伸出来的业务流程作为基本的主线结构，逐渐完善指标体系。比如以货品为核心开始，从货品开发到供应链，到销售，到售后，到财务核算，连接成具体货品的各个维度，那么不同的货品之间就可以比较了，也就能够知道什么货好、为什么它好、什么货毛利低、为什么低了。

第二步，建立 BI 系统或者 BI 团队，提供所有维度的报表，并且有效进行维度分析和数据加工，使数据更人性化。比如加入时间维度，分析最近一个月和上一个月的售后处理效率、售后服务指标等内容，它们都和具体的目标一致。

第三步，倡导一种机制，能够按不同的发展阶段明确核心指标的意义，逐渐让团队成员养成数据意识，形成数据决策的文化。这就是一种管理层意志，尤其是一把手，必须要在每一条数据记录中找到影响结果的关键点，然后持续不断地优化推进。

简单地说，前端电商运营数据只要收集，基本都能够得到，还能够看到很多行业数据。这些数据的意义都体现在电商运营端。我认为这些数据只是冰山一角，对于想要持续经营的电商公司来说，还有很多后端运营数据，需要自己建立采集、分析、归类、决策这种有效机制，才能够做到所谓的数据化运营。

系统是一种无差别的行动

上面说到，数据统计和反馈的整个过程就叫系统。

一般来说，常规的系统指的是具有完整链路的功能模块。最重要的是系统能够自循环，不用人控制，节省了大量的人力和工作时间。比如血液循环系统、呼吸系统、消化系统等，这些系统都不用人脑控制，或者说只控制一点点。同样作为商业系统也有一样的评判标准，看是否还需要管理层监管和批准，一旦系统建立起来就可以自行运转，比如 RRP 系统、CRM 系统、办公流程、协调流程、上新流程、突发事件处理流程等。

这是我们在传统意义上理解的系统。

系统还有一个更大的意义就是消除差异化，能够让不同的人做同一件事情的时候，使不可控变量变小。这是我理解的系统。

举个射击的例子。所谓的职业射击高手就是让他打 10 枪，基本每一枪获得的环数都差不多，如 9 环、10 环等，在统计学上叫方差小，也就是发挥稳定。而有些业余选手在状态好的时候 10 枪都能打 10 环，而状态不好的时候就会出现打 6 环以下、10 环也有等情况，这就是不稳定，或者说稳定系数低。在团队中，要让稳定系数低的成员在创新业务上发展，但常规业务、成熟业务这种成员越少越好。

比如一台电脑控制一个屏幕，因为死机导致屏幕失控的概率是 50%，而用两台电脑就可以降低到 25%，这就是把两台电脑连在一起提升稳定系数的方法，这就是一个简单的系统。

在商业中除了上面提到的系统之外，还有培训系统，如客服接单培训系统，建立这个系统的目的是为了缩小客服之间的接单水平差距，为了让客服接单水平趋于一个稳定的数据。这样做有什么好处呢？就好像肯德基的炸薯条一样，全世界的餐厅都是同一种味道的薯条。虽然培训不能把人都变成一样的，但是某些技能可以一样，尤其是操作型技能可以变得更加稳定，从而让数据更有反馈意义。

就和火器的意义一样，时代改变了，曾经的冷兵器时代需要吕布、关羽、张飞、赵云一样的人物，在现代化武器时代，一个狙击手就可以把他们全打败，我们已经不需要力量，而需要精度。同样在互联网时代，在资源上小公司其实和大公司在同一个维度上，比如的流量系统平台，大家都一样，如淘宝平台、物流平台等。这就是系统带来的好处，让大家提升某一维度的效率，提升稳定度，才能产生有分析价值的数据。

所以说培训系统、IT 系统等，本质上都是为了缩小团队之间内部成员的差距，让大家解放出来，去思考数据背后的调整。

数据和系统的结合

其实数据产生于实际业务开展过程中。

（1）数据布点。你要什么样的数据，前提是你已经知道了目的和大概有几个维度。

（2）数据采集。采集可以用人工或系统，原则就是能用系统解决的就不用人工。

（3）数据分析。分析出一个所以然来，然后是行动、比对调整，最后是升级。

这里说的数据分析，不是指大数据，大数据的应用，比我们想象的要厉害得多。比如手机里的高德地图，如果你选择一条路径的话，它就会用不同的颜色体现出来不同路段的拥堵程度。为何它能够知道？就是在这个路段上使用高德地图的人的车速情况体现出来的。

而电商中的数据分析，就是要比较分析差异和变化。比如退货率、页面跳失率、搜索点击转化、callin 转化率、询单转化率、次品率、破损率、发件丢失率等，财务经营上的数据就更多了，如产品的利润贡献度、销售额贡献度、员工的工资结构、资产结构、现金流状况等。

这些数据我们都需要收集和存储起来，作为公司决策的判断依据，而不是一种形式。

如果说系统是一条右腿的话，那么数据就是左腿。淘宝在这方面确实是煞费苦心，也说明了阿里的战略格局，很多年以前就开始做这种准备工作了。在商家服务平台上有很多软件和功能，是非常完善的数据收集体系，只是淘宝的数据实在是太多了，所以很多数据只能保留一个礼拜，所以需要大家把数据收集下来，这才是所谓数据化运营的童子功。

很多商家抱怨流量下降、被竞争对手超越，其实在很大程度上是因为别人对你的数据熟悉度远远超过你自己。工具都一样，分析得到不到位就体现出差距了。

如果商家不了解自己本行业的数据，不了解本类目的数据，不知道自己店铺的数据，不知道同行数据等这些前端数据，更不要说后端运营数据了，那么这样的运营情况，是不是在起跑线上就已经输了？

未来是数据战争，是数据处理能力的战争，能够更好地、系统化地使用数据将是一个公司的核心能力之一。

有人说电子商务重在商务，而不是电子。我们所做的事情本质上是零售，也就是商务部分，而在电子部分，主要的基础设施类似于公路、水、电、煤等，阿里、京东、腾讯已经帮我们都做好了。我认为电子部分最重要的是数据化和系统化，这是一种新的武器，而商务从古到今都存在，也都在改变着，电商最大的好处就是让数据化和系统化变得简单，简单到像自来水一样，拧开水龙头就能用。

因此，所谓的电子，对大部分商家来说要基于两点：一是 IT 系统的应用；二是数据运营。

IT 系统包括各种软件和硬件系统，这些技术都有一个共同的目的，就是为了解放人，能够让人更高效地解决商务问题。电商界有句很流行的话，“能用系统解决的问题，就不要用人去解决。”当然，系统还有很重要的拐点，需要过一定的量级，系统才能发挥作用，否则不光不会提高效率，还容易变得烦琐。开店第一要务是尽可能快地让销售先跑起来。

数据运营，或者叫数据化，这和马云宣传的 DT 时代必须一致，阿里集团现在成立的音乐集团、影业集团、体育集团，包括未来的健康集团、环保集团、公益集团、教育集团等，目的都是为了把这个世界既有的东西数据化，所以从这个角度看阿里的布局非常清晰。回过头来看自己的公司，你要把经营决策数据化，真正客观而真实地反映现状、反映问题。记住，数据的目的是为了方便人做决策，方便选择。数据能够表现现状，发现问题，让人更理性，当然在一定程度上也能够预测未来。

如果非要较真的话，数据和系统其实是指同一件事情，数据毕竟是在 IT 系统之内产生的，它来源于系统。目前在开店类电商平台中，阿里系的系统及其系统生态的应用已经做得非常完善和强大了，商家要做的是不断地提高自己的数据处理和分析能力，来更好地指导电商运营工作。

数据是一种电商语言，只有学会了它，才能沟通。

系统是为了减少不确定性的方法，只有它才能让电商快速起飞。

做事的节奏感，这是门艺术

我无法改变画卖不出去这个事实。但是，终将会有人们认识到这些画比使用的颜料更加值钱的一天。

——艺术家，梵高

真的发现不是指发现新大陆，而是用新的眼光去看待事物。

——网络语

是时候总结一下了

10 章的内容，没有一章是讲具体运营的。我认为，书中写出来的往往不是真理，真理都是那些能够让你思考的东西。在我自己当运营总监的时候，我多么希望有人能够手把手教我如何去做。说实话，如果有这样的事情，可能又是另外一个结局了，太容易得到的，人们往往不懂得珍惜。想想每次去听电商分享，牛人的 PTT 拍了不少，64GB 的 iPhone 6 也不够，可是有多少想法自己去执行了呢？有人拍完之后，其实那也就是最后一次看它，只是安慰自己而已。

所以 100%的干货，不如 50%的执行，即使是 10%的尝试，也都比光拍照好。你又不是做记者，拍那么多照片做什么？目的还是要搞清楚，知道自己是谁，从哪里来，要去哪里，这很重要。

虚事实事，处处是运营事。运营要的是结果，但这个结果埋在方方面面的因素中，所有有联系的事情相互影响，互相作用，才得到运营结果。

本书前 10 章内容，也就是所谓的“电商四大虚、六大实”，是我个人觉得最能影响电商运营结果的 10 件事，尤其是对开店类电商的一些体会和理解。粗枝大叶，基本上都讲完了，没有细节，没有严格的论证，不一定都对，仅仅是自己的感悟，希望引起大家思考。当然，这些内容也只是我现阶段的认知和经验，几年以后，这些内容一定会变，到时候再写出来纠正。

“四大虚”是根本，“六大实”是条件。还有一点点梦想，还想成长的电商从业者，多修炼一下这 10 个方面的内容吧。希望大家能够虚事实做，实事虚做，虚实结合，做出不一样的电商。

电商也许就是这么发展的

如果把电子商务当成一种零售创新，那么百货商店、商超等就是电商的孵化期，可以把它们可以看成是电子商务的“幼虫时代”，虽然看起来长得很不像，实际上是同一个东西在不同阶段的状态。

我用一个真实的例子来说明一下。

读书的时候很多人喜欢看漫画。在高中时代，漫画书的资源是非常有限的，于是大家就会相互交换，你看完我看，我看完你看，这样资源就会重组和放大，这是第一次变化，原始的交换，这就是 C2C 的力量。

但是当交换的基数越来越大时，有人说我这里做个目录，谁有什么漫画都在这里登记，于是这个目录变得很值钱，这就是门户和搜索引擎。

有了搜索之后，从理论上说，你可以找到任何想找的漫画，这就形成了选择障碍，当有很多信息时，也就没有信息了。于是又有人开始进行分类优化，不同喜好就可以看不同的分类。但是当每一类所喜好的漫画都多如牛毛的时候，你会发现用有限的精力去看无限的漫画，是找死，于是漫画书你已经视而不见了。

最大的可能就是，你会倾向于朋友的推荐，看他们看过的漫画书，这时基于你的关系圈的推荐体系就会变得非常重要。目前我们就处于搜索到推荐之间的环节。

有了推荐之后，你对漫画的要求变高了，比如对漫画的绘画水平要求提高了、对编剧的口味要求提高了、对风格要求不一样了，或者可能需要一些画面有 3D 效果等，而过期的漫画除了经典的作品还会看之外，就会看连载的漫画，一期一期追下来，甚至还能够参与到剧情中，可以投票选择最后的结局等。这就是现在的直播及各种真人秀如此火的心理动机。

再然后，这些漫画都不能打动你，就要到个性化了，就是给你看的漫画都是专门为你定制的，全世界只有你有这个版本。

个性化之后，还有什么，我就不清楚了。不过从看漫画的过程中，可以延伸出很多行业的变迁，比如电影、电视剧、小说，我觉得电商也会是这个演化路径。

目前我们处于推荐的阶段，所以商品的推荐价值大于实用价值，拥有人群公信力的网红就是这个价值的代表。一个产品能不能让人产生想发朋友圈的冲动，才是电商产品的关键。

所谓千金难买我乐意，乐意就是一种关系感，关系才是电商的未来，有关系的推荐才能产生商业价值。所以从关系的视角来看，产品就是媒介，连接你和客户，连接各种资源，连接一切。这是一种另外的视角，把产品当成媒介，把产品当成包裹。

哲人们说，人就是一个想象的共同体，因此想象力如此重要，未来的场景会变成什么样，就要充分开启我们的脑洞，把各种体验一一做到极致。

再给大家泼一下冷水

还有一个残酷的现实。最近但凡是大一点的卖家，都在想如何上市，很多老板已经开始上市造梦计划了，以为上市就是成功，这又是把手段当结果了。上市融资，只是为了更长远的规划，为了更长远的收益，为了一个梦想。

服饰类电商的第一品牌韩都衣舍也公布了自己的财务数据，它在公开转让说明书中显示，2014 年度和 2015 年度，韩都衣舍实现营业收入分别是 8.3 亿元和 12.6 亿元，实现归属股东净利润为-3754 万元和 3384 万元。2014 年居然是亏的，而 2015 年净利润率只有 2.7%，这就是第一卖家的财务表现，根本原因就是运营费用太高，算下来每件衣服只赚一、两块钱。有可能是用财务手法故意把利润做少，为了给后面的业绩压力减少负担，但我宁愿相信这就是真实情况，大有大的难处。

随着公司的变大，你也要想清楚什么是大——是员工人数更多吗？是营收更多吗？是办公室更大吗？还是效率越来越高呢？从某种意义上说，一个公司的盈利能力，也可以从侧面反映出这个公司解决问题的效率。

如果所有确定的“四大虚”“六大实”都做好了、做对了，那么电商也不一定能干成功。为什么呢？因为时机问题，时间是最伟大的艺术家。即使你现在一无所有，也不妨碍你 20 年后成为首富；即使你现在金山银海，将来也有可能破产倒闭。电商也是时间的艺术。

你可以说这是一个不确定性很强的事情，也可以说是运气，或者叫作随机性，这才是这个世界好玩的地方，才是电子商务的活力所在。你所做的一切，都不能保障你此后一定成功，而是说你有没有在提高未来成功的可能性。每一次失败，都是在给你自己交学费，通常明智的做法就是用别人的失败、别人的学费，练自己的经验。

如果有人告诉你用一种方法、一个工具按着步骤一步步做，就 100% 能成功，那么这个人一定是骗子。这就是前些年流行的成功学、鸡血党，以这种毁灭人性、歇斯底里的行为来让大家成功，大家也都免疫了。对于电商这件事情，我们的精神领袖马云也从来没有说过，来淘宝开店吧，你一定能发财；来天猫开店吧，你一定能发财。他只是说，未来是电子商务的世界，你现在不做以后就没有生意好做了；他只说阿里巴巴的使命是，让天下没有难做的生意，没有说“让天下都是赚钱的生意”吧。

所以做任何生意都是有赚有亏的，电商也一样，这才是其好玩的地方。

做电商要把握节奏感

节奏感，就是一种艺术性，更多的是天赋。我们常说，在正确的时间，用正确的人做正确的事，这里的正确的时间，就是节奏感。比如突破了基本的夫妻店盈利水平，那么就要开始公司化运营，看到了业务的增长就要提前做团队储备、供应链准备等。这些都属于节奏的范围。

我们把前面的所有内容结合起来看一个图：

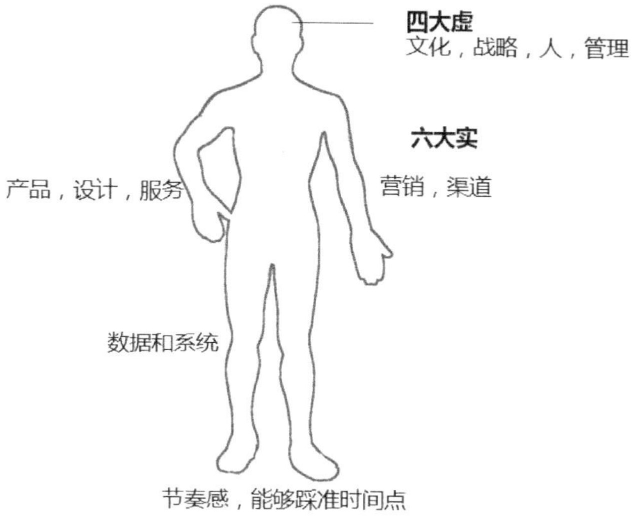

头脑是“四大虚”，两只胳膊是最重要的核心竞争力，产品和营销，数据和系统就是支撑运营的两条腿。而最下面的，就是在整体上要掌握做事情的节奏感，能够踩得准做事情的时间节点，这个非常重要。

节奏感，就是这个“人”的步调，步调由慢到快。小孩子都是从会抬头开始，然后会坐、会爬、会走、会跳、会跑，这一系列的事情都是有固定节点的，不能跳跃。我们做事情也要尊重节奏感，尊重做事情的步调，很多时候就是一种顺势而为，就像孩子发育，只能去适应他，而不能去强行改变。

节奏感，就是你在做事情的时候从无到有，从零开始，什么时候做什么事情，是什么事实，这一步步其实都是决策，都是选择。所以有人说人生就是选择，创业就是选择，而选择永远比努力重要。

节奏感，就是团队在做事情的时候而产生出来的无形旋律，无形却存在！有的是流行乐，有的是交响乐，有的是天籁之音，而有的就是马路边上的噪音，所以企业家又是艺术家，一定要具备这种能力。

我们老祖宗常常说做事有章法，做事靠谱，为什么用“章法”“靠谱”？因为这些词本身就是音乐用语，引申过来做事情也要这样有节奏感。

很多老板做电商特别激进，“四大虚”“六大实”还没有搞清楚，就开始拍脑袋了。第一年要求做到1000万元，第二年2000万元，第三年4000万元，你看“三只松鼠”半年不就做到类目第一了吗？不可否认，“三只松鼠”厉害，但是有前提的，比如有十几年的行业积累、创始团队的构成、初期的500万美元天使投资等，有形的、无形的条件。目标无对错，但如果没有具体的行动支撑，没有一步步计划实施这些目标，那么它们只是一个数字而已。

总的来说还是太浮躁了，姜文的电影《让子弹飞》里说“步子迈得太大，容易扯着蛋”，节奏感就是讲究迈好步子，不大不小恰到好处。

现在还能提得起来的淘品牌，都是踩到了正确的点上了。还是那句话，选正确的人，在正确的时候做正确的事情，这三个“正确”，最重要的是“正确的时候”，因为错过了就错过了，再也没有这个机会了，天时、地利、人和，天时是最重要的前提，但时间成本是我们最不会考虑的因素。比如阿里巴巴，还是原来那些人，“18罗汉”，给马云100亿元让他再建一个阿里巴巴，一定搞不起来。为什么？就是因为时机过了，时机不对了，多少钱都买不回来。

时间是伟大的商业因素

想象一下，假设时间是永恒的，时间不会流逝，是一成不变的，那么一切将变得多么枯燥乏味。在商业上就不会有交替，不会有失败，也就不会有成功。草根永远都是草根，土豪永远都是土豪。

在很多政府组织的商业聚会上，很多“60后”“70后”企业家，办厂的、做房地产的前辈，他们经常说，“哎呀，你们年轻人好呀，可以做电商、做互联网，我们这些人只能干这种实体企业。”其实我心里在想，“我也想办厂，也想做房地产业，可问题是，你们把所有能办的厂都办了，把之后几十年要造的房子都造了，我们没有办法，所以只能干电商了。”当然，这只是一个玩笑，我想说明的是，一代人有一代人要经历的事情，一代人有一代人的使命。

所以说时间背后是变化，是无穷无尽的变化。

除了变化，时间是一种坚持，也是一种投资，1天、7天、14天、30天、半年、1年、5年、10年，你要做的事情一定是随着时间的积累厚度越来越大，成功的可能性也就越来越大。

做生意其实都差不多，马云做千亿的生意，他有千亿的烦恼，我们做1000万元甚至1000元的生意，也有自己的烦恼，他见的是国家领导人，我们见的是县委书记、村委主任，我们和他换换位置，他做不好，我们也做不好。谁不都是一步步靠着积累和沉淀起来的？

我看过网上有一个最靓婆婆，她 61 岁了看起来却像 18 岁，年轻人嘲笑她，老了还要这么打扮。她说，我年轻过，可你没老过，不要用你年轻的想法，来评判你未来的生活。说得真好，这就是时间带来的价值。

时间，其实是最被我们忽视的资源。

最后给大家讲一个修长城的村书记的故事。这是一个真实的故事，这个故事也是我最喜欢和大家分享的。

浙江金华有个圆周村，10 年前，这个村子还默默无闻，跟所有其他乡村一样，城市化进程都推着大家往前走。很多村子开始卖地发了财，比如一次性卖出几百亩地，就有几千万元，全村按人头分，每人可以分到好几万元，这是最直接的收益，可是是一次性的。圆周村的书记不想这样把钱分了了事。他说服了全村的人，用这几千万元改造了村里的湖、山丘，活生生地把他们的村变成了江南园林，周围的居民一有空就到这里玩。人气来了，有人在这里开店铺，房租涨了，村里的房价也开始涨，基本都涨了一倍多，一户人家多了几十万元。

事情没有这样结束。由于这边的人气旺，地价比其他村要高出不少，同样的土地可以多卖出很多钱。这个书记居然又用这笔钱在村子的后山上建起了长城，非常壮观。长城同下面的园林、湖水交相辉映，成了远近闻名的免费风景区，人气更加爆棚。

于是吸引了最豪华的别墅区，吸引了希尔顿酒店，吸引了国际双语私立学校，这个村几乎家家户户都成了资产过千万的富翁，同时又让大家的生活丰富多彩。整个过程用了十几年的时间，这样伟大，真心为他点 1000 个赞。

要致富拆迁户，中国的城市化进程让东部好地方的农民都富裕起来了，但这个富是通过瓜分政策红利带来的，所以不持久，真正的红利应该是增量红利，也就是创造之前所没有的。金华，确实是一个神奇的城市，这里还有全世界最大的义乌小商铺市场，一个需要开车才能逛的市场，以及亚洲最大的主题公园横店影视城，他的老板当年被多少人嘲笑过。

从表面上看，这些故事都是一种战略。其实战略就是长远的方向，而节奏感就是在这个方向上分段，一个节点接着一个节点。

所有开店类电商，或者叫第三方平台类电商，就好像是这次拆迁行动中的农民，只要波及到家庭、村子，都会受益。比如杭州郊区，只要是拆迁户，基本上都是千万富翁。以淘宝为代表的电商平台，就是这次商业拆迁行动的负责人。他们拆掉原来的商业地产，重建一个更大的、更有效率的虚拟地产。很多人在这次拆迁中收益，有人赚了很多钱，当然也有人亏了钱，因为这次拆迁的游戏规则不是按人头或面积补偿性拆迁，而是选择性拆迁。

不管结果如何，通过上面这个看起来和电商无关的故事，我们看到了创业的另一种可能。我们看到了在这次商业拆迁中，你带领的村民、带领的团队代表的行业，是有更大的目标、更美好的世界的。你要到什么地方去，只取决于你选的方向。

有时候跳出这次电商拆迁行动，站在更高的地方，你会看到原来自己想要的就是一座想建在村口的万里长城，也许我们一生都在寻找这样的长城，都在为这个目标努力。

为大家心里的长城致敬！

电商创业推荐十书

没有阅读习惯的人，就时间、空间而言简直就是被监禁于周遭的环境中。他的生活完全公式化，只限于和几个朋友接触，只看到自己生活环境中发生的事情，其无法逃脱这个监狱。但是当他拿起一本书时，立刻就进入了另一个世界，到另一个国家，或另一个时代，讨论从未想过的问题。

——林语堂

《孙子兵法》

这是中国创业者必读的一本书。其实很多人都读过此书，一部分人看别人的白话文，也没看懂，还有一部分人却误解了孙子兵法，以为该书是教人速胜、教人用计谋获得胜利的全套方法论。其实孙子兵法的核心哲学思想是以强欺弱，以多胜少，所有的理论基础都是以这个原则为大前提的，并不是教大家如何以少胜多。

《孙子兵法》里说："故用兵之法，十则围之，五则攻之，倍则战之，敌则能分之，少则能逃之，不若则能避之。故小敌之坚，大敌之擒也。"意思是说，要用人多欺负人少，欺负不了，就赶紧避开。还有"庙算胜而战"，在打仗之前要清楚能不能打赢，能赢才打，不能赢，最好就不要打。所以不是教大家草根逆袭之法，投机取巧，四两拨千斤，而是让大家要杀鸡用牛刀。

如果老板只能看一本书，我认为看《孙子兵法》就好，看透它，学透它。电商平台如淘宝，京东等，本质上淘宝是竞争平台，有利益的地方就有竞争，有人的地方就有竞争，有竞争的地方，就用得上孙子兵法。

如果你能够知道"爆款未成，粮草先行"，能够站在多元角度做好一切准备，包括变化、资源、金钱等，那就理解了孙子兵法。大公司谋算大利益，小公司谋算小利益，从这个场面来说大小之间的绝对值可能有差别，相对值其实无差别。马云的烦恼不见得比我们的少，他也有做项目缺少各种资源的时候。其实任何项目都有资源稀缺的时候，也没有百分之百的把握。对于决策来说，就要敢于知道有可能会输在什么地方，这也是一种成功。

很多人认为孙子兵法和 36 计是一码事，混为一谈，其实完全是一种误解。孙子兵法是心法，是一种境界；而 36 计是技法，是奇技淫巧，属于术的范畴，所以我不太推荐看 36 计，尤其是年轻人，容易让人变得狡诈，也容易变得猥琐，老是想着一招改变命运，一夜暴富，这都是买彩票心理。

《孙子兵法》是真正教大家如何在竞争中找到乐趣，如何在竞争中完善自己、提高自己，一方面，最终的目标是为了赢，所做的一切都是要提高赢的可能性；另一方面，也要输得起，有赢就有输，有输才能赢，这才是人生。

知己知彼，百战不殆。知己，是前提，是最重要的因素，我们千万不能搞反了。

《西游记》

《西游记》，无数人都知道，但都是通过看六小龄童演的电视剧了解的，真正的原著有几个人看过？我看《西游记》，认为它是一本创业指导手册。本书介绍了大家为什么出发、为什么创业、如何追求成功，以及追求路上如何安慰等内容。从这个角度来说，所有的公司创业都是一次修行，不过其修行之路与唐僧西行之路相比难度低了很多。我越看《西游记》，越充满动力，这也是创业者必备的一本书。

《西游记》中的每个人都在自我修行，都在追求一种内心的成功，但中间都裹挟着人性和痛苦。

比如唐僧，为什么取经的最终人选是他，他会不会在半路上跑了。在原著里面他是一个圣僧，还不是神仙，只是一个了不起的年轻和尚而已，是个凡人。所以西行的一路，使他从恐惧、彷徨、焦虑等负面情绪中解脱出来，说白了这种情绪正常人都会有。但正是因为这种取经路上的行动，慢慢修炼自己，一路完善，最终坚持修成正果。

再想想齐天大圣孙悟空，当他是一只普通猴子的时候，他接触最多的就是一堆其他的猴子，也就当个猴王。后来，当他学会了一身法术之后，他就可以跟牛魔王等黑道大哥平起平坐，还可以跟龙王呼来喝去抢宝贝了。最关键的是，孙悟空在大闹天宫之前，就连巨灵神都不把他放在眼里；在大闹天宫之后，天庭总参谋长托塔天王都对他毕恭毕敬，所有的仙界妖界无人不知，无人不晓，也算是成了当时著名的网红，虽然骂他是弼马温的和称呼他大圣的是对半开，但也算是有了代表性的行为了。在取经之前，他只能对观音菩萨跪拜求保佑，等成了斗战胜佛之后，那完全就是修成正果立地成佛了，从此进入了上流社会。这只猢狲的成长历史告诉我们，每一次的蜕变都是一次修炼，每一次的磨难都会让自己走向更强，同时也将获得更大的圈子。那些杀不死你的，终将让你变得更强。

所以《西游记》教你如何动起来，如果不动，那么永远只会在那里，就像那只最后驮着唐僧过河的大乌龟一样，原地踏步。

《三国演义》

《三国演义》，表面上看是一本历史演义小说，但从今天的商业角度来看，就是一本如何做决策的最佳读物，也可以说是博弈论的实践版。创业就是不断地决策和选择，这样的书能不好好学学吗？

所有三国中的人物选择、形形色色人的决策、各种各样的情况、都是理性人基于当时的条件判断做出的最优解，所谓选择大于努力。当然也有很多糊涂蛋，被情绪控制，变成了非理性人。比如曹操刺杀董卓就是非理性行为。为什么？有两种情况：一是杀董卓成功，也会被董卓党羽王允等作为刺杀丞相的罪名处死；二是没杀成功，那就会被董卓追杀。与其说最后是因为董卓中途醒了没杀成功，我更愿意相信曹操是在去的路上就想明白了，于是改为不行动，然后假意以献刀为名，逃之夭夭。从此明白了博弈的道理。最上决策是得到好处损失小，最下决策是亏本，中间决策是不亏不赚。对于当时的乱世，他选择从零开始创业，因为失败了，也就是光屁股。

博弈论虽然是西方的思想，但在《三国演义》里面都有充分的表达，在真实的历史中，也是一种理性的决策，是一种人人都为最优解而生的时代。这本书真的是好呀！

滚滚长江东逝水，浪花淘尽英雄。是非成败转头空。青山依旧在，几度夕阳红。

白发渔樵江渚上，惯看秋月春风。一壶浊酒喜相逢。古今多少事，都付笑谈中。

这首诗放在创业者身上是这么理解的：选择一个行业，跳进去，每个行业终会筛选出几个领头人，你的目标就是要好好活着，成为这个领头人。成功还是失败都要动态地看，失败或成功都是很正常的，要看淡。永恒的东西永远都会永恒，比如永不服输的精神，无论经过几代人传递，唯有精神和信仰可以长存。转眼老来，有了退休生活，休息时间，就可以多走走，喝喝清茶清酒，对着朋友吹吹牛，说说当年的英明决策、糊涂行为、传奇故事，这就是人生幸福。不要等到老了，对着儿孙，发现这辈子能吹牛的事情太少了，这才是最大的遗憾。

《水浒传》

350 多年前，大才子金圣叹就说，天下之乐，第一莫若读书；读书之乐，第一莫若读水浒。不读水浒，不知天下之奇。如此高评价的书，在文人眼里也是少见。

我们现代人除了从中找到文学价值、体会文学境界之外，还可以了解到人情世故。为什么说“少不读水浒”？意思就是，年轻人不能这么早就懂得人情世故。

可以说《水浒传》就是中国的商业社会的缩影，就是一个大大的江湖。你在创业的过程中会碰到形形色色的人，可能有的人对你好，也有的人对你坏，也许对你好的那个人，其实心里想你坏，你却不知道；而对你坏的人，其实是想让你变得好。各种各样的套路，一不小心你就被装到里面了。这个时候你不能怪其他人，更不能怪对你发生作用的那个人，只能怪自己没经验，要从这些事情中学会总结，下一次你就变聪明了，知道该做什么了。

《水浒传》里面到处都是这种故事，写尽人间百态、社会冷暖、人性的阴暗。108 种人物性格、不同的命运、性格认知和人物命运、基本的人物形态。每个人的行为都是其性格的体现，很难伪装出来，行为决定了他们各自的命运。

最后的结局，最好命的都是一帮有点技能的人，比如神医安道全，调御前听用，也就是成了备用御医；圣手书生萧让，受职于蔡太师府，能写一首好字。还有很多有技能的人士，这就是当时手艺人的好结局吧。

这是一本培养对人的感觉最好的书，也应该是所有的老板、HR 人人通读的书。所以说如果此生只读一本书的话，就读《水浒传》。金圣叹如是说

人生看起来有着许多选择，其实大都是被动选择的结果，冥冥之中，性格、命运早已注定。宋江在宋江的江湖里，身不由己；施耐庵在施耐庵的江湖里，也身不由己；而我们在我们的江湖里，又何尝不是身不由己。

《金瓶梅》

为什么不推荐《红楼梦》而是《金瓶梅》呢？其实我的感觉是前者更像是戏剧故事，读起来像看京剧；而后者更像是电视剧，处处都和老百姓的生活息息相关。因此，了解和研究用户还是推荐《金瓶梅》。

这仅仅是从《水浒传》里面延伸出来的一个小故事，同时也从侧面印证了金圣叹的话，说明《水浒传》这本书有多牛。一个小情节，就可以衍生出来《金瓶梅》皇皇巨著，被誉为天下第一奇书。古人说："读此书而生怜悯心者，菩萨也！生效法心者，禽兽也！"。一本书，说尽人间寻常百姓事，从商业角度来说，更是一部创业著作，是研究消费者心理学的最好

作品。

《金瓶梅》虽然脱胎于《水浒传》，但不像《水浒传》那样描写“兄弟情”，主要以男人为主，宣扬阳刚、侠义，快人快语。而《金瓶梅》则不同，应该是对当时真实生活的细致观察，故事以女人为主，介绍阴柔、绵密、话中有话等女性情感。

据说，毛泽东曾多次要求高干读《金瓶梅》，他说：“《水浒传》是反映当时政治情况的，《金瓶梅》是反映当时经济情况的，是《红楼梦》的老祖宗，不可不看。”

从广大单身男青年来讲，这是一本帮你脱单的好教材。我觉得，如果从商业角度来看，这就是一本做用户体验最好的教材。为什么？因为电商客户大部分都是女性，如果你连女性的情感都不懂，还做什么生意呢？

所以推荐给大家，于人于己，善莫大焉。

前面 5 本，是中国的古典著作，代表的是内秀于心，看不见的东西才最厉害。

后面 5 本，推荐的是外国著作，代表的是外修于行，看不见的东西要接地气。

《未来在等待的人才》

我认为这是一本未来五年一定会火的书，尤其是在现在这个产能过剩的时代。无论是用来指导自己变成未来的人才，还是用来指导如何招募到所谓的人才，都是非常有指导意义的。

书中说，未来的世界将属于高感性能力的一群人，他们有创造力，具有同理心，能观察趋势，以及为事物赋予意义。

本书将提供6种有关最近的未来有无前途的关键性能力,它们分别是：

一、不只有功能，还重设计。

二、不只有论点，还说故事。

三、 不只谈专业，还须整合。

四、不只讲逻辑，还给关怀。

五、不只能正经，还会玩乐。

六、不只顾赚钱，还重意义。

艺术家、发明家、设计师、说故事高手、看护者、谘商员及宏观人士，将成为下一波职场新贵，入主社会高报酬阶级，坐享快意人生。现在所谓的网红，其实就是高感性人群的一种。网红经济的核心，就是这群人。

《人类简史》

这是一本时间跨度非常大的书，介绍了人类是怎么发展起来，变成21世纪现在的样子的。虽然书中没有说未来会怎样，但至少你可以想象到，未来一定是智能机器人的时代，或者叫半人半机器时代。

本书最重要的价值是可以帮你纠正创业中的问题，也从一定的角度证明了 “电商四大虚”的重要性。

人类社会主要是用故事和概念让大家相信，人类生活中的所有商品本质上都是概念，比如金钱、公司、国家、法律等，这些都是概念化的产物，那么创业就要花大力气去完善概念。

正如书中所说的那样，智人通过一场场革命，追求自己的幸福、快乐，但从来没有满足过，也没有真正幸福、快乐过，反而给地球上的其他物种带来了浩劫与毁灭性的灾难！站在公正的角度上讲，最终自我毁灭不是什么坏事，罪有应得而已！

感谢作者能够让我略知人类的发展历程及智人的未来走向，也让我彻底明白了死亡的真正含义，就让我勇敢地面对死亡吧！

《精益创业》

本书由美国作家埃里克 · 莱斯编写，书中描述了一些关于创业、创新和产品的理念，将创业中的实际情况上升到了理论层面，更加科学化和系统化。书中有两个重要的内容：一个是价值假设；一个是最简化可实行产品（简称 MVP)。

其主要核心思想就是用最小的成本，获得正确的认知，然后不断修正。创业就是快速试错，小步快跑。这就是所谓的精益思想。

整体而言，精益创业适合客户需求变化快，但开发难度不高的领域，比如软件、电影电视、金融服务等领域。在国内，除互联网企业外，电商领域的尝试也越来越多了，比如酒店电商“今夜酒店特价”就采用这种小步试错的方式进行开发，还有一些传统企业如中信银行信用卡中心利用精益创业进行信用卡产品及客户服务的创新，并把三大法宝固化到项目管理机制中。

当然，精益创业不是万能的，适用范围还需要我们自己创新。我认为它给我们的工具不是最重要的，最重要的是它让我们知道，在创业中，最不重要的就是钱，而最重要的是认知。

《高效能人士的七个习惯》

这是一本系统地介绍如何提升个人效率的思维实践书，也是一本神书。可能刚开始看起来，你会觉得它是一种类似于成功学的鸡汤文，但最终你会明白，这是一本值得你反复看的好书。

所谓高效能人士的七个习惯，也就是——

习惯一：积极主动，个人愿景的原则。

积极主动的含义不仅仅是采取行动，还代表人必须为自己负责。个人行为取决于自身，而非外部环境：理智可以战胜感情；人有能力也有责任创造有利的外在环境。在团队内我称之为正向反馈，积极解决。出现问题不可怕，可怕的是没有问题。

习惯二：以终为始，自我领导的原则。

“以终为始”的习惯，非常适用于不同的生活层面，所有的事物都有心智的即第一次创造和实际的即第二次创造。我们做任何事都是先在心中构想，然后付诸实现，中间会有差异，这个差异就是我们的提升点。

习惯三：要事第一，自我管理的原则。

关于要事第一，时间管理，本书作者又写了一本书叫《精要主义》，主张只做该做的事情。它向“我可以拥有一切”和“我可以做好一切”的主流论断发起攻击，倡导“在合适的时机，以恰当的方式，追求合适的事情”，旨在让人们重新掌控自己的选择权，自主决定如何支配宝贵的时间和精力——而不再是许可他人替我们做出选择。

习惯四：双赢思维，人际领导的原则。

利人利己者把生活看作是一个合作的舞台，而不是一个角斗场。一般人看事多用二分法：非强即弱，非胜即败。其实世界之大，人人都有足够的立足空间，他人之得不必就视为自己之失。

习惯五：知彼解己，同理心交流的原则。

知彼解己——首先寻求去了解对方，然后争取让对方了解自己。这一原则是进行有效人际交流的关键。我时常引用曾国藩的话，宽以待人，严于律己。

习惯六：统合综效，创造性合作的原则。

习惯七：不断更新，平衡的自我更新原则。

人生最值得投资的就是磨炼自己，因为生活与服务人群都得靠自己，这是最珍贵的工具。工作本身并不能带来经济上的安全感，具备良好的思考、学习、创造与适应能力，才能立于不败之地。拥有财富，并不代表经济独立，拥有创造财富的能力才真正可靠。

《投资哲学》

人生就是一场投资，创业也是投资，投入了大量的时间、金钱、精力，还有机会成本。本书有个副标题，叫“保守主义的智慧之灯”。

书中讲了什么是保守主义的哲学思想，可以这么说，股神巴菲特就是这种思想的实践者和受益者。

我是这么理解的，对于草根来说，在什么都没有的前提下，一定要从事几次高风险、高回报的行业，创业就是做这种事情。创业都是没钱找不到工作、没资源、没人脉的人才干的，那些做电商的哪个不是在之前的领域里面做得不好，都快关门的企业。有人算过，如果一个人创业一次，成功的概率是10%,那么如果连续创业10次,其成功的概率就会变成68.7%,因为10次里面只要有一次成功就是成功的。这个概率比中彩票大多了。

但是当你创业成功之后，也就是你实现了第一个目标之后，就要用保守主义的方式进行投资和创业了。比起每年收益10%还是50%，更重要的是如何能够持续保持收益增长，这就是我理解的保守主义投资哲学。

创业投资就如同农民种地，春种夏长秋收冬藏，一切都为了持续而长久。在秋收之前的一夜，可能家里是没有多余的粮食的，但第二天收进来的粮食可以堆满整个房间。这就是我的爷爷、爸爸一辈子给我的思想财富。

留好种子钱，你是要指着它生长起来的。不能生长，就没有发展。

阿里巴巴官方作品，速卖通宝典丛书（共8册）

书号：978-7-121-27562-3
定价：49.00元

书号：978-7-121-27620-0
定价：55.00元

书号：978-7-121-27679-8
定价：69.00元

书号：978-7-121-27678-1
定价：78.00元

书号：978-7-121-27677-4
定价：49.00元

书号：ISBN 978-7-121-32584-7
定价：89.80元

书号：ISBN 978-7-121-32582-3
定价：59.00元

书号：ISBN 978-7-121-32583-0
定价：59.00元

跨境电商图书兄弟篇

跨境电商基础、策略与实战
ISBN 978-7-121-28044-3
定价：59.00元
出版日期：2016年3月
阿里巴巴商学院 组织编写
柯丽敏 王怀周 编著

主要内容：进口出口外贸跨境电商教程，配有PPT课件。

跨境电商主流平台运营讲解！
出口外贸零售相关从业者阅读！

跨境电商多平台运营（第2版）——实战基础
ISBN 978-7-121-31412-4
定价：69.00元
出版日期：2017年6月
易传识网络科技 主编 丁晖 等编著

主要内容：速卖通、Amazon、eBay、Wish和Lazada五大平台运营攻略。

畅销教程全新升级，兼顾跨境电商从业者与院校学员，提供PPT支持。

跨境电商——阿里巴巴速卖通宝典（第2版）
ISBN 978-7-121-26388-0
定价：79.00元
出版日期：2015年7月
速卖通大学 编著

主要内容：阿里巴巴速卖通运营。

阿里巴巴官方跨境电商B2C权威力作！
第2版全新升级！持续热销！

亚马逊跨境电商运营宝典
ISBN 978-7-121-34285-1
定价：69.00元
出版日期：2018年6月
老魏 著

作者拥有12年外贸和跨境电商从业经历，助你系统解决亚马逊运营痛点。

阿里巴巴国际站“百城千校 · 百万英才”
跨境电商人才认证配套教程

教程与PPT咨询，请致电编辑：010-88254045

从0开始
跨境电商实训教程
阿里巴巴（中国）网络技术有限公司 编著
ISBN 978-7-121-28729-9

适用于一切需要“从零开始”的跨境电商企业从业人员和院校学员！